요즘 것들을 위한 직장생활 안내서

첫 출근 하는 딸에게

셀프헬프
self·help
시리즈⑩

"나다움을 찾아가는 힘"

사람들은 흔히, 지금의 내가 어제의 나와 같은 사람이라고 생각한다. 이것만큼 큰 착각이 또 있을까? 사람은 매 순간 달라진다. 1분이 지나면 1분의 변화가, 1시간이 지나면 1시간의 변화가 쌓이는 게 사람이다. 보고 듣고 냄새 맡고 말하고 만지고 느끼면서 사람의 몸과 마음은 수시로 변한다. 그러니까 오늘의 나는 어제의 나와는 전혀 다른 사람이다. 셀프헬프self·help 시리즈를 통해 매 순간 새로워지는 나 자신을 발견하길 바란다.

요즘 것들을 위한 직장생활 안내서

첫 출근하는 딸에게

초판 1쇄 인쇄 | 2019년 2월 18일
초판 2쇄 인쇄 | 2019년 9월 10일

지은이 | 허두영
발행인 | 김태영
발행처 | 도서출판 씽크스마트
주　소 | 서울특별시 마포구 토정로 222(신수동) 한국출판콘텐츠센터 401호
전　화 | 02-323-5609·070-8836-8837
팩　스 | 02-337-5608

ISBN 978-89-6529-199-2 03190

• 도서출판 〈사이다〉는 사람의 가치를 밝히며 서로가 서로의 삶을 세워주는 세상을 만드는 데 기여하고자 출범한,
도서출판 씽크스마트의 임프린트입니다.
• 원고 | kty0651@hanmail.net
• 페이스북 | www.facebook.com/thinksmart2009
• 블로그 | blog.naver.com/ts0651

이 도서의 국립중앙도서관 출판예정도서목록(CIP)은 서지정보유통지원시스템 홈페이지(http://seoji.nl.go.kr)와
국가자료공동목록시스템(http://www.nl.go.kr/kolisnet)에서 이용하실 수 있습니다.(CIP제어번호: CIP2019002023)

씽크스마트 • 더 큰 세상으로 통하는 길
도서출판 사이다 • 사람과 사람을 이어주는 다리

요즘 것들을 위한 직장생활 안내서

첫 출근하는 딸에게

허두영 지음

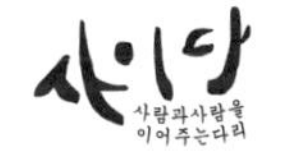

PROLOGUE

낯선 길에 서서 고민할 딸에게

신입사원 생존 매뉴얼이 되길

21세기를 이끌어갈 젊은 영혼들이 취업의 관문을 통과해 마주하는 직장은 녹록지 않은 것 같아. 문화, 리더십, 일하는 방식이 20세기 산업화 시대에 머물러있기 때문이야. 고리타분한 기성세대, 후진 조직의 모습은 철옹성 같기만 해. 취준생(취업준비생) 딱지를 떼고 맞이한 조직의 현실은 기대와 다를 때가 많을 거야. 처음엔 누구나 열정을 발휘하지. 하지만 뜨거운 냄비가 금방 식는 것일까? 금세 현실의 벽 앞에 열정을 거둬들이기 일쑤야. 어떤 노력도 부질없다는 생각이 들면서부터 말이야. 그리고 결과를 바꿀 수 없다고 느끼면 이내 학습된 무기력(Learned Helplessness)에 빠질 수도 있어.

그래서일까? 입사하기가 무섭게 퇴사를 준비해야 하는 퇴준생(퇴사준비생) 신세가 되는 신입사원이 적지 않다고 해. 참 마음이 아파. 한쪽은 입사 대란인데 반대쪽은 퇴사 대란이라고

할 정도니 말이야. 실제 실업자 수는 조사를 시작한 2000년 이래로 최악이라고 해. 입사와 동시에 퇴사를 준비하는 반수 직장인이 늘고 있다는 얘기도 들리고. 한 취업 포털의 조사에 따르면, 현재 직장에서 퇴사를 희망하는 응답자가 61%나 되고 입사 후 1년 이내에 퇴사했다는 사람도 66%나 되고 말이야.[1]

아마 이렇게 말하는 선배도 있겠지. "배부른 소리 하고 있네. 그래도 예전에 비하면 요즘은 살만한 세상인데, 얼마나 힘들다고?" 과연 그럴까? 기성세대에 비하면 지금의 취업상황은 훨씬 힘들다고 봐. 명문대와 그럴싸한 스펙으로 무장해도 입사가 쉽지 않아. 지인 중엔 자기네 회사(중소기업)도 명문대 출신의 입사지원자가 제법 있다며 자랑삼아 귀띔하기도 해. 근데 스펙이 좋은 신입사원을 뽑으면 뭐해? 조직은 아직 새로운 직원을 맞이할 준비가 돼 있지 않은데 말이야. 하지만 몸이 무거운 조직이 변하길 마냥 기다릴 수 없는 노릇이지. 직장인이 되면 스스로 생존하는 법을 찾아야 해. 이럴 때 수호천사가 친절하게 직장생활의 방법을 알려준다면 얼마나 좋겠니? 이 책이 그 역할을 조금이나마 할 수 있다면 참 기쁘겠다.

책의 내용은 신입사원으로서 갖추어야 할 요소를 크게

5개의 장으로 나눠 정리했어. 1장 '프로 직장인으로 거듭나기'에서는 직장인의 자기관리와 자기개발 방법을 소개하고, 2장 '관계만큼 중요한 건 없다'에서는 직장생활의 질을 높이는 대인관계의 방법을 정리했어. 3장 '밥값 이상 한다는 것'은 일하는 데 필요한 노하우를 요약한 거야. 4장 '방향 잡기가 먼저다'에서는 직장인으로서 삶의 목표와 원칙의 중요성을 다뤘어. 마지막으로 5장 '직장생활은 태도가 9할'에서는 직장인의 평판을 좌우하는 태도, 성품에 관한 얘기들을 담았어. 낯선 길에 들어선 너의 외로움을 조금이나마 달랠 수 있다면 아빠는 더 바랄 게 없을 것 같아.

너는 혼자가 아니란다

TV 프로그램 중 선명하게 기억나는 장면이 하나 있어. 주인공인 남자가 갑자기 사고로 세상을 떠나는데, 유령이 되어 종일 딸의 뒤를 쫓는 거야. 한 번은 딸이 껄렁한 친구를 만나고 비뚤어진 길로 가려고 해. 주인공 아빠가 딸에게 고함을 지르며 조언하지만 소용이 없었지. 아무런 도움을 주지 못해 애만 태우는 장면이었어. 그때 아빠는 결혼하지 않았는데도 주인공의 마음에 왜 그리 공감이 되었는지 몰라. 내가 갑자기 죽을 때를 대비해야겠다고 생각했지. 아빠가 하고 싶은 얘기를 유언처럼 남기면 좋겠다 싶었어. 네가 아빠 생각이 나면 종종 아빠를 소환할 수 있게 말이야.

직장생활을 하다 보면 불안하고 고민될 때가 있을 거야. 그때마다 "아빠라면 뭐라고 얘기했을까?"라고 생각하며 이 책을 펼쳐보면 어떨까? 아빠랑 마주 앉아 대화하듯이 말이야. 읽다가 공감되는 부분은 편하게 밑줄도 긋고, 형광펜으로 색칠도 하고, 포스트잇으로 표시도 하고 말이지. 책에 대화의 흔적을 많이 남기면 좋을 것 같아. 아빠랑 텔레파시가 통하는 내용은 무엇일지 궁금한데? 이해가 안 되거나 생각이 다른 부분도 있겠지. 그땐 물음표를 하고 다시 읽어봐. 아빠가 왜 그런 얘기를 했을지 곰곰이 생각하면서 말이야. 그럼 아빠랑 더 깊게 대화할 수 있을 거야.

사랑하는 딸아, 이제부턴 자기 관리가 중요해. 마음가짐부터 옷차림 하나까지 말이야. 멋지게 직장생활을 잘 해내길 응원한다. 직장생활을 시작하는 너에게 아빠의 마음을 담아 몇 가지 얘기해 볼게.

아빠랑 얘기 나눌 준비는 됐니? 시작한다.

차례

2 관계 People

관계만큼 중요한 건 없다

3 성과 Performance

밥값 이상 한다는 것

5 인성 Personality

직장생활은 태도가 9할

1 프로정신 Professional

프로 직장인으로 거듭나기

직장인에게 필요한 진짜 공부법

요즘 입사하는 신입사원은 과거보다 스펙이 훨씬 좋아졌어. 그런데 화려한 이력서만큼 일을 잘하는 사람이 있지만 학력은 좋은데 일은 그만큼 못하는 사람도 있고 스펙은 좀 부족해도 일을 곧잘 하는 경우도 있어. 직장생활을 하면서 만난 유능한 컨설턴트를 되짚어보면, 학력이나 스펙이 업무능력과 정비례하진 않았단다. 오히려 근성 있고 성실한 사람이 일을 훌륭하게 해내곤 했지. 심 사원도 지방대 출신에 내세울 만한 스펙은 아니었지만, 커뮤니케이션 능력과 학습 의지가 탁월했어. 처음엔 업무능력이 또래 직원과 별 차이가 없었지만, 시간이 지날수록 두각을 나타내더라. 주니어 때부터 프로젝트를 할 때마다 핵심을 찌르는 반짝이는 아이디어로 고객에게 좋은 평가를 받았어.

"공부 머리와 일머리는 다르다." 직장생활 하다 보면 많이 듣고 느끼게 될 거야. 일리 있는 말이라고 생각해. 직장생활에 필요한 공부는 그동안 해오던 공부와 달라야 하니까. 이제부터는 생각의 깊이를 더하는 능동적인 진짜 공부를 해야 하거든. 그동안 태권도의 품새를 배우고 가끔 겨루기를 했다면, 이젠 진짜 싸움을 위한 기술을 터득해야 해. 공부는 나만의 언어

공부는 나만의 언어로
세상을 해석하는 렌즈를 만드는 일이야.
남의 지식을 흉내 내기보다는
확신에 찬 내 관점을
얘기할 수 있어야 하지.

로 세상을 해석하는 렌즈를 만드는 일이야. 세상이 내게 던지는 질문이 아니라 내 마음에서 우러나오는 물음에 답을 찾아가는 게 진짜 공부거든. 남의 지식을 흉내 내기보다는 확신에 찬 내 관점을 얘기할 수 있어야 하지.

공부를 더 하고 싶다면 진학해 학업을 이어가도 좋아. 지금 대학을 졸업한 것은 예전 부모 세대로 따지면 고졸 학력 수준이야. 그만큼 학력 인플레이션이 생겼어. 요즘 대학을 졸업해도 취업이 힘든 건 어쩌면 당연해. 특별히 익힌 기술도 없이 고졸 학력으로 취업하려는 격이니까. 자아실현을 위해 끊임없이 학습해야 경쟁력을 갖출 수 있어. 한 설문에 따르면 많은 사람이 일생을 두고 공통으로 후회하는 게 바로 공부하지 않은 거야. 삶의 질을 높이기 위한 '평생학습'이 이젠 선택이 아니라 필수가 된 셈이야. 심 사원이 이른 시간에 업무로 인정받을 수 있었던 비결은 평소 꾸준한 학습 때문이었어. 둘째가라면 서러울 다독가였거든. 아빠가 진짜 공부법 몇 가지를 알려줄게.

생각에 깊이를 더하는 직장인 공부법 7가지

- 내가 궁금한 점을 찾아서 공부한다.

  내 마음속에서 던지는 물음표를 느낌표로 바꾸는 것이 진짜 공부이다.

- '3년 공부법'을 실천한다(이건 아빠가 강력하게 추천하는 공부법이야!).

  피터 드러커는 20대 초반 직장생활 때부터 60여 년간 특정 주제를 정해 3년씩 공부했다.[2]

- 나만의 생각을 정리하는 습관을 지닌다.

  “누가 말하길.” 앵무새가 아니라, “내 생각에는.” 나름의 신념과 철학을 가진다.

- 현상보다는 본질이 무엇일지 찾는다.

  문제의 피상적인 이유가 아니라 근본 원인(Root Cause)을 찾기 위해 노력한다.

- 펄떡이는 지식을 연마한다.

  발품을 팔아 현장을 방문하고 경험하면서 산지식을 쌓는다.

- 근거 없는 개똥철학은 위험하다.

  ‘하더라’ 수준의 얕은 지식이 아니라 구체적인 숫자와 근거로 얘기한다.

- 역사와 고전으로 사상의 뼈대를 세운다.

  고목은 자주 옮기거나 넘어지지 않는다.

잘 쓰면
잘 쓰인다

하버드 대학의 로빈 워드 박사가 1977년 이후 하버드를 졸업해 40대에 접어든 졸업생 1,600명을 대상으로 설문 조사를 했어. "당신의 현재 일과 노력에 가장 중요한 것이 무엇인가?"라고 물었는데, 90% 이상의 졸업생이 '글쓰기'가 가장 중요하다고 답했어. "앞으로 더 많이 노력해야 할 것은 무엇입니까?"라는 질문에도 '글을 잘 쓰기 위한 노력'을 우선해야 한다고 응답했지. 글을 잘 쓰면 퇴근이 빠르고 진급도 빨라. 하지만 글을 잘못 쓰면 퇴직이 빠르지. 신입사원도 예외는 아니야. 일 잘하는 신입사원을 가르는 잣대는 외국어 실력보다는 국어 실력이야.

실제 직장생활의 8할은 글쓰기라고 해도 과언이 아니지. 따져보면 사무직의 경우 일과 대부분을 기획, 제안, 보고를 위한 글을 쓰는 데 보내니까. 회의나 발표도 글쓰기를 전제로 해. 이메일도 글쓰기가 기본이고 말이야. 직장인에게 글쓰기는 그야말로 숙명이야. 한편 글은 인격과도 같아서 글을 잘 쓴다는 것은 여러 가지를 보여준단다. 전문성, 논리, 창의력, 풍부한 아이디어, 예의, 소통력, 성실함 등. 글을 잘 쓰는 사람은 부가가치가 높아. 그만큼 희소하니까. 그래서 글을 잘 쓰는 사람이 직장에서 잘 쓰이지. 직장생활은 '적자생존의 법칙'이 적용돼. 원래 '환경에 적응해야 살아남는다'는 의미이지만, 여기서는 "적는 자가 살아남는다"는 뜻이야. 그러니 글로 자신을 표현하는 능력을 키웠으면 해.

글쓰기에 도움이 될 만한 몇 가지 아이디어를 추천해 볼게.

첫째, '글쓰기 리추얼'(Ritual, 의례적 행위)이야. 매일 일정 시간을 정해놓고 의식을 치르듯 글을 쓰는 거야. 집필 활동을 꾸준히 하는 모 교수는 바빠도 잠들기 전 2시간은 글을 쓴다고 해. 아빠도 봉급쟁이 생활을 그만둔 후로 주일을 제외하고 아침에 잠언을 읽고 하루를 계획한 다음, 오후 1시까지는 오롯이 글을 쓰는 루틴을 실천했어.

둘째, '생각 시간'을 만들어보는 거야. 링크트인의 최고경영자인 제프 와이어는 하루에 2시간씩 꼭 생각 시간(Thinking Time)을 가졌대. 인터넷 서비스 회사 AOL의 CEO인 팀 암스트롱은 임원들에게 하루 10%, 일주일에 4시간 이상을 생각하게 해. '오마하의 현인'이라고 불리는 워런 버핏은 하루의 80%를 독서와 생각을 위해 투자해. 빌 게이츠는 일 년에 두 번 호수 근처 통나무집에서 생각 주간(Week Time)을 챙기는 것으로 유명하지. 글쓰기의 마중물로 생각 시간과 독서만큼 좋은 건 없을 거야.

셋째, 투고 기회를 적극적으로 활용하면 좋아. 사내보, 소식지, 잡지, 신문 등 정기간행물에 투고하는 것은 글쓰기 훈련을 하는 가장 효과적인 방법이야. 아빠도 지인 추천으로 신문사에 칼럼을 기고하면서 본격적으로 글을 쓰게 됐어. 습작 수준으로 그치기보다는 정제된 글로 마무리하는 과정을 지속해가면 차츰 실력이 늘 거야.

지금 글쓰기 실력이 부족하다고 조급해할 건 없어. 처음부터 잘 쓸 수는 없으니까. 아빠도 신입사원 땐 언제쯤 글을 잘 쓸 수 있을지 고민했어. 경험이 쌓이면서 갈수록 글쓰기에 더 익숙해진 것뿐이야. 지금도 기획안과 보고서를 쓸 때마다 여전히 어려움을 느껴. 직장생활 중 글쓰기는 숙명이라 생각하고 사고하는 힘을 키워 가면 좋겠어. 많이 읽고 많이 생각하고 많이 써 보는 것 외에 글쓰기를 잘하는 다른 지름길은 없어.

글쓰기가 주는 힘

- 지나치는 정보도 내 것이 된다.
- 복잡한 생각이 정리된다.
- 나만의 관점이 생긴다.
- 성취감과 자신감이 생긴다.
- 몸값이 저절로 오른다.

내 가치를 높이는 글쓰기 습관

- 독자를 분명히 하여 어투와 태도를 정한다.
- 내 얘기를 쓴다. 가장 좋은 사례는 나와 내 주변에 있다.

- 화려하기보다 진솔하게 쓴다.
- 문장은 쪼갤 수 있는 데까지 쪼개서 주어와 술어 사이의 거리를 좁힌다.
- 중학교 2학년이 이해할 수 있는 수준으로 쉽게 쓴다.
- 잘 살아야 잘 쓴다. 감동적이고 좋은 글은 좋은 삶에서 나온다.
- 고치고 또 고친다.

있어빌리티를 높이는 무기 '발표력'

조리 있게 발표를 잘하는 정 사원이 있었어. 차분하면서도 호감을 주는 그의 언변은 듣는 이에게 설득력이 있었지. 한번은 회사의 본부 차원에서 하는 학습모임에서 발표할 기회가 생겼는데, 선배들로부터 많은 칭찬을 받았어. 호소력 있는 그의 프레젠테이션은 조금 부족한 문서작성 능력을 커버하고도 남을 정도였거든. 시간이 지나 문서작성 능력이 향상되면서 그의 발표력은 더 빛을 발했어. 심지어 시니어가 전담하던 제안 프레젠테이션도 직접 할 정도였거든. 반면 채용 인터뷰를 하다 보면 안타까운 순간이 있어. 성품과 태도는 너무 좋은데, 과도하게 긴장한 바람에 자기표현을 제대로 못 하는 지원자를 볼 때야. 직장인에게 꼭 필요한 역량 두 가지가 있어. 하나는 생각을 글로 정리하는 능력이고, 다른 하나는 생각을 말로 표현하는 능력이야. 이 두 가지를 다 잘하는 사람이 흔치 않아. 우수성과자들도 둘 중 한 가지 역량만 탁월한 사람이 대부분이야.

발표력이 좋은 사람은 더 희소하기 때문에 부가가치가 더 높은 편이야. 회의, 보고 등 내 생각을 표현하는 게 일상인 직장인에게 발표는 꼭 지녀야 할 무기지. 적어도 자신이 전달하고자 하는 메시지는 정확히 전달할 수 있을 정도는 돼야 해. 지금

발표력이 좋은 사람은
더 희소하기 때문에 부가가치가
더 높은 편이야.
발표는 하면 할수록 늘거든.
연습을 통해
꾸준히 개선하면 돼.

발표력이 부족해도 걱정할 건 없어. 이제부터 준비하면 되니까. 발표는 하면 할수록 늘거든. 연습을 통해 꾸준히 개선하면 돼. 발표에서 있어빌리티(있어 보이는 능력)를 높이는 몇 가지 팁을 알려줄게.

있어빌리티를 높이는 표현의 기술 6가지

- 강렬하게(Oh Message)

  발표의 본질은 메시지이다. 메시지는 하나면 충분하다. 많아도 3개를 넘지 않아야 한다.

- 쉽게(Oh Story & Metaphor)

  나의 경험담이나 일화를 중심으로 시나리오를 만들어서 얘기한다.

- 자신감 있게(5 Times)

  자신감이 최선의 전략이다. 5번 이상 리허설을 반복한다. 자신감은 연습에서 나온다.

- 자연스럽게(5 Persons)

  지인 5명과 대화하듯 한 곳만 보지 말고 눈 맞춤(eye contact)하면서 발표한다.

- 짧게(5 Minutes)

  5분 일찍 끝낸다. 더 들었으면 좋겠다고 생각하는 사람은 없다.

- 맥락 있게(5 Steps)

  기승전결 내지는 서론-본론-결론의 흐름으로 논리에 맞게 전개한다.

벤치마킹보다 더 중요한 셀프마킹

일 잘하고 훌륭한 이력이 있는 사람을 보면 멋져 보이지. 상대적으로 내 모습이 초라하게 느껴질 수도 있어. 하지만 남의 시선 따위는 의식하지 마. 타인이 가진 성공의 잣대로 내 성공을 평가하지는 마. '타인이 보는 나'가 아니라 '내가 원하는 나'를 위해 성공을 정의해야 해. 성공한 사람을 벤치마킹하는 것도 좋

세 가지 유형의 나

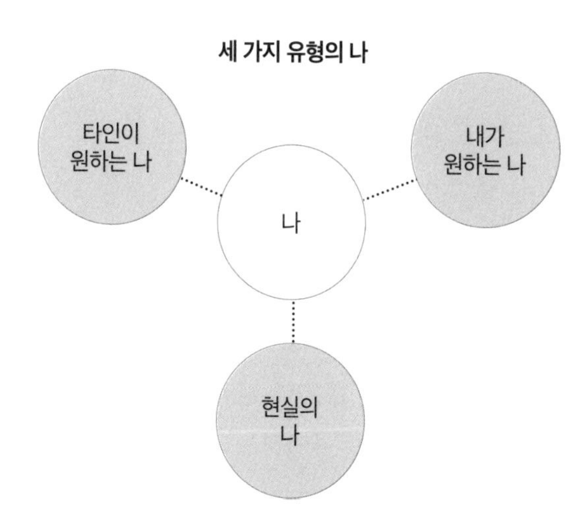

지만, 자신의 길을 창조해내는 셀프마킹을 해보면 어떨까? 누구도 대체 불가능한 내가 된다면 그게 진정한 성공이 아닐까?

중산층의 기준을 국가별로 비교한 걸 본 적 있니? 우리가 얼마나 '타인이 보는 나'에 예민한지 알 수 있어. 우리나라는 부채 없는 30평 이상의 아파트를 소유하고, 월 급여는 500만 원 이상이며, 자동차는 2,000CC급 중형차 이상 소유하고, 예금 잔액은 1억 원 이상 보유하고, 해외여행은 1년에 한 차례 이상 다니는 것 등이야. 하지만 외국은 좀 달라. 프랑스는 외국어를 하나는 할 수 있고, 직접 즐기는 스포츠가 있고, 다룰 줄 아는 악기가 있으며, 남들과는 다른 맛을 낼 수 있는 요리를 만들 수 있고, '공분'에 의연히 참여하며, 약자를 도우며 봉사 활동을 꾸준히 하는 것 등을 기준으로 삼아. 미국은 자신의 주장에 떳떳하고, 사회적인 약자를 도와야 하며, 부정과 불법에 저항하고, 테이블 위에 정기적으로 보는 비평지가 놓여있는 것 등을 들지. 영국은 페어플레이를 하고, 자신의 주장과 신념을 가져야 하고, 독선적으로 행동하지 않으며, 약자를 두둔하고 강자에 대응하고 불의, 불평, 불법에 의연히 대처할 것 등을 꼽아. 참 다르지?

성공에 관한 글과 영상을 많이 보는 걸 추천해. 새로운 영감이 떠오르고 동기부여가 될 거야. 남들이 읽은 책을 읽고, 남들이 가본 곳을 가고, 남들이 좋아하는 것을 하는 건 안심이 되고 안전할지 모르지만, 이류나 아류의 삶을 살아야 해. 다른 사람의 성공을 부러워하며 추종하기보다는 내가 원하는 성공을 정의해 보는 거야. 지금까지 입사가 목적이었다면 더더욱 그래. 어쩌면 타인이 만들어놓은 성공의 기준에 맞춰 살아온 것은 아닌지 진지하게 생각해봐. 이제부터는 나만의 성공 기준을 만들고 나다운 삶을 살아갔으면 좋겠어.

> 진정한 성공이란 자주 그리고 많이 웃는 것. 현명한 이에게 존경을 받고, 아이들에게서 사랑을 받는 것. 정직한 비평가의 찬사를 듣고 친구의 배반을 참아내는 것. 아름다움을 식별할 줄 알며, 다른 사람에게서 최선의 것을 발견하는 것. 건강한 아이를 낳든, 한 뙈기의 정원을 가꾸든, 사회 환경을 개선하든 자기가 태어나기 전보다 세상을 조금이라도 살기 좋은 곳으로 만들어 놓고 떠나는 것. 자신이 한때 이곳에서 살았음으로 인해 단 한 사람의 인생이라도 행복해지는 것, 이것이 진정한 성공이다.
>
> - 랠프 월도 에머슨

혹시 입사가 끝이라고 생각하지는 않았니? 하지만 이제 삶의 새로운 시작점에 선 것뿐이야. 지금부터는 자신이 원하는 인생을 만들어가야 해. 나만의 성공 기준을 새로 정의하고 쉽게 이루기 힘든 더 큰 꿈을 꾸길 바라. 아빠가 던지는 5가지 질문에 너만의 답을 찾아봐.

성공을 위해 꼭 답해야 할 5가지 질문

- 나는 지금 어디에 서 있는가?

  인생은 목적지보다 내가 지금 서 있는 곳의 좌표를 확인하는 것이 중요하다.

- 나에게 성공이란 무엇인가?

  나만의 성공 기준을 다시 정의한다.

- 나는 성공을 위해 인내하는가?

  어둠을 견디면 반드시 아침은 찾아온다.

- 나는 선한 영향력을 미치는 사람인가?

  혼자 꽃 피우는 인생보다는 향기 나는 인생이 더 아름답다.

- 나는 어떻게 죽을 것인가? 지금이 가장 행복한가?

  내가 걷고 있는 이 길은 인생에서 단 한 번만 지나간다.

나만의 작은 성공루틴 만들기

우리가 내리는 선택의 40%는 무의식적인 거라고 해. 달리 말하면 평소 습관이 그만큼 중요하다는 거야. 접촉사고를 자주 내는 운전자가 있다고 해보자. 본인은 운이 나빠서라고 얘기할 수 있어. 하지만 안전거리 미확보, 과속운전, 운전 중 휴대폰 사용 같은 평상시 운전습관의 문제일 확률이 높아. 직장생활 초기에는 나만의 성공습관을 만드는 데 투자하는 게 무엇보다 가치가 있다고 생각해.

프로 직장인으로 살아가기 위해 내게 맞는 성공 루틴을 만들어보면 어떨까? 아빠의 아침 루틴을 예로 들어볼게. 아침에 일어나면 10분간 스트레칭하기, 아침운동하기, 출퇴근 시간에 스마트폰 대신 책 보기, 회사에 15분 일찍 와서 책상 정리하고 업무일기 쓰기, 취침 전 15분 간 명상하기, 일요일 오후에 카페에서 책 읽으며 한 주 준비하기, 일주일에 책 1권 읽기, 주말에 서점 산책하면서 마음에 드는 책 사기, 매일 1시간 글쓰기, 약속을 기다리면서 책 읽기 등 많을 거야.

후배 중에 선 사원이라고 있는데, 그는 자기만의 루틴이 있어. 약속이 있는 날을 제외하고, 퇴근 후에는 버릇처럼 집 앞 카페에서 자기개발 관련된 책과 동영상을 봐. 지정석처럼 매일 같은 곳에서 문 닫을 시간까지 말이야. 주말이면 거기서 종일 시간을 보내는데, 그때가 너무 행복하대. 시끄러워 집중이 안 될 때도 있어서 헤드셋까지 장만했다며 자랑하더라고. 일기도 쓰기 시작했는데, 하루를 계획하고 정리할 수 있어서 엄청 도움 된다는 거야. 선 사원을 보면서 아빠도 일찍부터 그렇게 자기만의 루틴을 가졌다면 얼마나 좋았을까 하는 생각이 들 정도였어.

직장생활을 성공으로 이끌 나만의 작은 루틴을 만들어보는 건 어떨까?

시간 관리만큼 공간 관리도 중요해

미국 현대문학의 아버지라고 불리는 마크 트웨인이 문학적으로 큰 성장을 이룬 작은 계기가 있어. 1874년에 농장 주인이 지어준 조그만 서재가 생긴 거야. 《톰 소여의 모험》을 그때 쓰기 시작했지.[3] 그는 푸짐하게 아침 식사를 하고 그 서재로 가서 점심 식사도 거른 채 오후 5시까지 집필하느라 두문불출했어. 마크 트웨인을 만든 건 어쩌면 자기만의 공간이었는지도 몰라. 그야말로 공간이 바뀌어 인생이 바뀐 거지. 어떤 공간에서 시간을 보낼지가 중요해. 성공과 행복을 원한다면 내가 있는 공간을 한 번 점검해야 해.

영국 출신 작가인 버지니아 울프가 쓴 《자기만의 방》에서는 20세기 초 남성 중심의 위계질서 속에서 여성이 가치 있는 삶을 누리기 위해 필요한 두 가지를 제시해. 하나는 생활에 필요한 일정액의 돈(500파운드)이고, 다른 하나는 자기만의 방이야. 지금으로 표현하면 경제력과 내 명의의 작은 공간이랄까? 나만의 물리적인 공간이 있어야 마음의 공간도 생겨.

공간이라고 해서 거창할 건 없어. 행복한 사람에게는 삶의 공간, 일하는 공간 말고 또 다른 공간이 있는데, 미국의 사회학자 레이 올든버그는 이를 '제3의 공간'이라고 했어. 삶을 재충전할 수 있는 별도의 공간을 의미하지. 그의 책《정말 좋은 장소(The Great Good Place)》에서는 분위기 좋은 카페, 서점, 미용실 등을 예로 들어. 제3의 공간이 가진 공통점은 격식이나 서열이 없고, 소박하고, 수다를 떨 수 있고, 출입이 자유롭고, 음식이 있다는 거야.[4] 혹시 편안함과 행복감을 주는 나만의 아지트가 있니? 아빠의 아지트는 집 근처에 있는 카페야. 그곳은 누구의 눈치도 보지 않고 오직 자신에게 집중할 수 있는 공간이지.

시간 관리만큼 공간 관리도 중요하다는 것을 기억해둬. 시간을 담는 그릇이 공간이기 때문에 공간관리가 돼야 시간관리도 되거든. 우리의 삶을 담은 공간은 우리의 행복감에 절대적인 영향을 미쳐. 인간은 환경의 영향을 크게 받으니까 말이야. 사람은 공간을 만들고 그 공간은 다시 사람을 만든다는 표현이 맞지 싶어. 인생을 바꾸고 싶다면 공간을 바꿔봐. 지금 내가 있는 삶의 공간, 일하는 공간, 제3의 공간 모두 말이야. 성공하려면 공간을 바꿔야 한다는 거 잊지 않았으면 해.

나만의 공간 만들기

- 삶의 공간 바꾸기
  - 집안 꾸미기
  - 온라인 공간 정리하기
- 일하는 공간 바꾸기
  - 책상 정리하기
  - 파일 정리하기
- 제3의 공간 만들기
  - 나만의 아지트 만들기 ex) 카페, 휘트니스 센터 등
  - 사랑하는 사람과 함께 하는 고정 공간 만들기

몸값 20% 이상 높이는 영어 회화 능력

한 취업포털 사이트에서 직장인의 콤플렉스를 조사했는데, 연봉(48%) 다음으로 외국어(35.5%)가 높게 나왔어. 학벌(28.8%)보다 높았지. 적당한 콤플렉스는 자기발전에 도움이 될 수 있어. 하지만 자격지심은 백해무익이야. 바꿀 수 없는 거라면 마음만 더 상하니까. 노력해서 개선할 수 있는 거라면 도전해 볼 만하지 않을까? 특히 영어(혹은 외국어)는 부가가치가 커. 몸값에도 큰 영향을 주거든. 다양한 기회를 얻을 수도 있고 말이야. 영어 회화를 잘하면 얻는 유익이 정말 많아.

영어 회화 능력을 갖추면 연봉을 20%는 높일 수 있대. 아빠가 직장에서 과장급일 때 좋은 조건의 외국계 회사에서 스카우트 제의를 몇 번 받았어. 당장이라도 가고 싶었지만 빈약하기 짝이 없는 영어 회화 능력으로는 역부족이었어. 이후에도 몇 차례 기회가 있었는데 번번이 영어라는 장벽을 아쉬워할 수밖에 없었지.

사랑하는 딸아, 지금 너의 영어 회화 능력을 점검해 봐. 변변치 않다면 당장 외국인과 대화할 기회를 만들어봐. 앞으로 원하는 직장의 선택지를 넓힐 수 있을 거야. 기회는 언제 갑자기 찾아올지 모르니 미리 준비해둬.

누군가는 기술이 발전해 영어 회화 능력이 그렇게 중요하지 않다고 얘기할 수도 있어. 하지만 언어는 단순한 기능 이상의 가치가 있단다. 언어는 다양한 세계의 정보와 문화를 접할 수 있는 열쇠일 뿐 아니라 매우 요긴한 삶의 도구야. 세계적으로 영어 사용 인구는 5억여 명에 불과하지만, 100개국 이상이 영어를 사용하고 있어. 어느 나라에 가든 영어로 소통할 수 있다는 얘기잖아. 인터넷 언어의 절반 이상이 영어야. 세계적으로 한국어로 된 정보는 0.4%에 불과해. 참고로 지난 몇 년간 만들어진 데이터의 양이 인류 역사상 만들어낸 모든 데이터의 합보다 10배 가까이 많다고 해. 문제는 이 데이터가 폭발적으로 증가하고 있다는 거야. 한국어로만 정보를 찾는 것은 백사장에서 돌멩이 몇 개만 찾는 격이지.

영어 회화 실력이 아직 부족하다고 느낀다면 이제부터 목적의식을 가지고 영어를 익혀보는 건 어떨까? 20~30대에는 최대한 시야를 넓히고 경험의 양을 늘리는 게 중요해. 앞으로 직장생활을 하면서 영어가 장애가 아니라 유용한 무기가 되었으면 좋겠어.

내 목소리를 내야 하는 시간 '연봉협상'

지인에게서 연봉에 대한 이야기를 들은 적이 있어. 직장에서 성실하게 일해서 사장의 신임이 두터웠대. 어느 날 문득 "내가 이렇게까지 열심히 일하는데 연봉이 너무 적은 거 아냐?" 이런 마음이더라는 거야. 마침 새로 입사한 팀장과 연봉협상을 하게 됐대. 그는 꽤 인상된 금액을 제시하면서 받아들이지 않으면 퇴사하겠다고 으름장을 놨다는 거야. 결국, 만족스러운 금액으로 협상을 마쳤대. 이 얘기를 듣고 아빠가 그에게 어떤 대답을 했겠니? "너~무 잘했다."

한 번은 아빠가 일하던 팀에서 대리급 연구원 한 명을 채용해야 했어. 여러 명 면접을 본 끝에 최종 합격자를 한 명 뽑았는데 연봉이 문제였지. 제시한 연봉을 수용하지 못하겠다는 거야. 몇 번에 걸쳐 연봉을 조율한 끝에 애초 지급하려던 연봉보다 높게 결정했어. 많은 지원자가 합격 통보를 받으면 연봉에 대해서는 직장 내규를 따르겠다며 대수롭지 않게 넘어가곤 해. 연봉을 협상할 때도 처음 제시하는 금액을 수용하는 사람들이 많아. 연봉 협상은 더 신중하게 따져볼 일이야.

당신의 시세(몸값)[5] = 말하기 무서운(부담스러운) 금액 + 10%

프로와 아마추어의 차이는 거두절미하고 연봉이야. 연봉은 그 사람의 능력을 가늠하는 척도니까. 연봉이 높다는 것은 그만큼 시장가치가 높다는 거야. 기업에서는 연봉제가 일반화돼 있어. 정부, 공공기관도 점차 그렇게 되겠지. 연봉제는 자본주의 시장 논리에 부합하는 제도니까. 능력 있고 일 잘하는 사람이 더 높은 급여를 받는 게 당연하잖아?

연봉협상은 1년에 한 번 꼭 내 목소리를 내야 할 시간이라는 걸 기억해. "그냥 열심히 일하면 되는 거 아네요? 그럼 연봉은 저절로 올라가잖아요"라고 얘기할 수 있어. 물론 맞는 얘기지만 그게 다는 아니야. 임금협상의 책임자가 직원과 연봉협상을 할 때 임금 구간(Pay band)에 맞춰 일정 수준의 상하한선을 갖고 임하는 곳이 많아. 일 잘하는 직원에게 급여를 더 주고 싶은 것은 인지상정이야.

비슷한 성과와 역량을 가진 두 직원이 있다면, 으레 더 간절히 요구하는 직원에게 공공연히 더 유리한 의사결정을 하게 돼. 관리자가 임금협상에 대한 재량권을 가질수록 더 그렇지. 근데 실력 없이 협상 기술만으로 좋은 연봉을 받기는 힘들 거야. 먼저 자신의 역량과 성과 향상을 위해 평소 최선을 다해야 해. 그런 후에 이왕이면 후회 없도록 연봉협상도 잘해야 한다는 거야. 연봉협상을 할 때 기억해 두면 좋을 몇 가지가 있어(특히 이직할 때 도움이 될 거야).

후회하지 않는 연봉협상을 위한 5D 원칙

- 쉽게 'Yes'라고 말하지 않는다(Delaying).

  처음부터 절대 OK 하지 말고, 수차례 협상 결렬을 각오한다.

- 먼저 쐐기를 박는다(Drive in a stake).

  다소 부담스러운 금액으로 먼저 연봉을 제안한다.

- 기준과 근거를 명확히 제시한다(Data & Standard).

  역량과 업적을 최대한 수치화해 문서로 만들고, 논리를 철저하게 준비한 후에 협상에 임한다.

- 나만의 가치로 차별화한다(Differentiation).

  대학원 진학(학위), 영어 회화, 실적 달성 등 동료(내지는 비교집단)와 차별화한다.

- 싸가지 있게 처신한다(Decency).

  기본 예의를 지키고 분위기 파악을 해가면서 협상에 임한다.

피곤한 몸은 영혼의 감옥이다

항상 몸을 최상의 컨디션으로 유지하기 위해 노력해야 해. 몸이 피곤하면 영혼이 온전히 안식하기 어렵거든. 건강에 관해서는 이기적인 사람이 되어도 좋아. 거절할 때는 거절하면서 쉴 땐 쉬라는 얘기야. 내 몸은 스스로 챙겨야 해. 건강은 직장인에게 가장 중요한 필요조건이야. 하지만 많은 사람이 소홀해. 젊을수록 더 그렇지. 건강이 나빠지면 그때야 깨닫지.

건강에 대한 노자의 충고를 새겨들을 만해. "늘그막의 질병은 모두가 젊었을 때 불러들인 것이요, 쇠퇴한 후의 재앙은 모두 번성했을 때에 지은 것이다. 그러므로 성하고 가득 찬 것을 지니고 누릴 때 더욱 조심해야 한다." 건강은 나빠진 시간만큼 회복하는 데도 시간이 걸려. 건강은 건강할 때 챙겨야 해. 제 몸 소홀히 하면서 일하는 것은 지혜롭지 않아.

누구나 인생이라는 도화지에 삶을 써 내려가. 육체라는 나무가 잘 깎여있어야 영혼이라는 연필심을 부드럽게 써 내려갈 수 있어. 육체를 매일 정성껏 갈고 닦았으면 해. 평생 건강하고

항상 몸을 최상의 컨디션으로 유지하기
위해 노력해야 해. 몸이 피곤하면 영혼이
온전히 안식하기 어렵거든.

매력적인 몸을 가꾸기 위해 노력해봐. 영혼이 방황하지 않게 말이야.

뻔하지만 지나치기 쉬운 건강관리법

- 적정 수면시간(7~8시간)을 유지한다.
- 식사는 거르지 말고 되도록 제때 적당량만 먹는다.
- 물병을 챙겨 다니면서 물을 충분히 마신다.
- 술, 담배 등 몸에 좋지 않은 것을 멀리한다.
- 평생 꾸준히 할 수 있는 좋아하는 운동을 한다.
- 코어(핵심) 근육을 강화한다.
- 스트레스를 받으면 산책한다.
- 적정 체중을 유지한다.
- 청결을 유지한다.
- 일기(글)를 쓴다.
- 좋은 친구를 사귄다.
- 명상(기도)시간을 가진다.
- 잠자기 2~3시간 전에는 먹지 않는다.

도전하지 않는 인생이 더 위험해

사랑하는 딸아, 대한민국의 많은 젊은이가 좀비처럼 각종 고시, 자격증, 공인점수를 얻으려고 인생의 황금기를 보내고 있어. 이스라엘에서는 부모가 취업보다는 창업을 권한대. 중국에서는 실리콘밸리를 그대로 복사라도 하려는 듯 대학가가 창업 열기로 뜨거워. 미국에서는 똑똑한 학생들이 취업보다는 창업하고 말이야.

도전정신으로 피가 끓어야 할 우리나라 젊은이들이 너무 이르게 안정을 추구하는 거 아닌가 걱정되기도 해. 그런 프레임을 만든 건 기성세대일 거야. 하지만 불확실한 것에 대한 두려움 때문에 안정에 현혹된다면 노인과 뭐가 다르겠니. 새로운 도전을 감행해 보는 건 어때? 도전하지 않는 인생은 덜 위험할지 모르지만, 훗날 더 후회할 수 있으니까. 벤저민 프랭클린의 이 말을 늘 기억했으면 좋겠어. "어떤 사람은 25살에 죽는데 장례식은 75살에 치른다." 청춘은 마음에 달렸으니까.

《중용》에서 아빠가 가장 좋아하는 구절이 있어. "남이 한 번에 할 수 있다면 나는 백 번을 하고, 남이 열 번에 할 수 있다면 나는 천 번을 한다(人一能之 己百之, 人十能之 己千之)." 자신의 능력이 부족함을 핑계 삼지 말고, 자신의 재능을 한계 짓지 않았으면 해. 잠재력은 도전하지 않으면 알 수 없는 거니까. 매일 노력하는 사람은 천재도 이길 수 없다고 봐. 인생에서 다시 오지 않을 신입사원 시절을 타고난 재능이 있는지, 없는지만 고민하기보다는 네 노력에 의지하며 후회 없이 보내길 바라.

흔들릴지언정 부러지지 않는 대나무처럼

대나무를 키우려고 씨를 뿌리면 4년 동안 아무 변화가 없다가 5년째가 되면 싹이 나기 시작해.[6] 그렇게 대나무가 커가면서 거센 비바람에 흔들려도 부러지지 않는 건 '마디' 덕분이야. 대나무는 날씨가 나쁘거나 수분이 부족하면 성장을 멈춘다고 해. 이때 마디가 생긴대. 악천후일 때는 힘을 모으고 날씨가 좋으면 몸을 키워가는 과정을 반복하면서 대나무는 굽지 않고 곧게 자란다는 거야.

딸아, 혹시 힘드니? 그럼 인생의 마디를 만드는 시기라고 생각해보면 어떨까? 더딘 시간이 지나야 마디가 더 튼튼해질 테니 말이야.

깨우칠 만하니 죽게 된다며 아쉬워했던 공자가 죽을 때 손에 쥐던 책이 있어. 바로《주역》인데, 공자는 이 책을 묶은 가죽끈이 일곱 번씩이나 끊어질 정도로 많이 읽었지. 이 책에서 어려움에 부닥쳤을 때 기억해두면 좋을 핵심 구절 두 가지를 소개해 줄게. "어떤 일이 막히면 변화하고, 변화하면 만사형통하

리니, 통하면 오래가리라(窮則變 變則通 通則久)." 지금 좀 답답하더라도 장점은 강화하고 약점은 보완하면서 변화해야 해. 힘들어야 진짜 힘이 생기는 법이니까. 힘든 시기를 지나고 있다면 나만의 멋진 에피소드를 만드는 중이라고 생각해. 또 이 구절도 좋아. "홀로 있게 되더라도 두려워 말며, 세상에서 떨어져 있어도 걱정하지 말라(獨立不懼 遯世無悶)." 사람은 고독 속에서 더 큰 우주를 만나고 더 빨리 성장하게 돼.

직장생활 하느라 스트레스 받고 힘들다면 혼자서 즐기는 시간(Wandering Time)을 가져보면 어떨까? 일종의 '잠수타기'라고나 할까. 쇼핑할 수도 있고, 서점에서 빈둥거리며 책을 뒤적일 수도 있어. 기타를 튕기거나 피아노를 치고, 카페 한 귀퉁이에서 음악을 듣거나 책을 읽고. 북적대는 시장에 들러 보는 것은 어때? 운동하며 땀을 흘리는 것도 좋아. 아빠는 가까운 공원을 산책하거나 고서점에 다녔어. 책방 특유의 향기가 좋았지. 어느 때부턴가 글 쓰는 게 그렇게 좋더라. 글을 쓸 땐 시간이 어찌나 빨리 흘러가는지 몰라.

다른 이들 사례도 있어. 허 사원은 매일 아침 30분 정도 책을 읽고 좋은 구절은 직접 쓰면서 암송해. 윤 사원은 점심 식사 후 회사 근처에 있는 공원까지 혼자 산책을 하고, 이 사원은 퇴근과 동시에 회사 앞 피트니스 센터에서 혼자 운동을 해. 김 사원은 잠들기 전에 눈을 감고 하루 동안 있었던 일들을 되뇌면서 명상을 통해 일과를 마무리해.

딸아, 네겐 고독을 즐기는 시간이 있니? 너는 혼자만의 시간을 어떻게 보내고 있니? 혹시 없다면 만들어 보길 강력 추천해.

직장인의 독서법은 달라야 한다

빅데이터 전문기업이 모 카드사의 결제데이터를 분석한 재미있는 결과가 있어. 젊은 층에서는 책을 많이 읽는 사람과 적게 읽는 사람 간의 카드사용액 차이가 없었어. 근데 50대 이상에서는 책을 많이 읽는 사람이 적게 읽는 사람에 비해 연간 카드 사용액이 2배 이상 높게 나타났어.[7] 물론 책을 빌려서 읽는 사람도 많고 여러 변수가 있겠지만, 나이가 들면서 책을 많이 읽는 사람들이 부자가 될 가능성이 높다고 해석할 수 있어. 토마스 콜레이의 《부자의 습관》에서는 부자의 88%가 매일 30분 이상 책을 읽지만, 가난한 사람들은 2%밖에 되지 않는다고 나와. 부자가 되고 싶니? 그럼 책을 많이 읽어봐. 직장생활을 시작하는 네게 가장 추천하는 게 바로 독서야.

아빠가 책을 가까이하게 된 계기가 있어. 대학에 들어가서 선배의 자취방에 갔다가 충격을 받은 거야. 방의 온 벽면이 동서양의 사상서적으로 가득 채워져 있었거든. 그때부터 아빠는 책을 사 모으기 시작했어. 주머니 사정이 넉넉지 않아 헌책방을 전전했지. 책 사는 데 용돈을 거의 쓰다시피 한 거야. 처음엔 필독도서 목록을 만들어 책을 모았어. 책장에 꽂힌 책을 보는 것만으로도 마음은 부자였지. 그 책들을 한 권씩 읽기 시작했어.

> 서재란 누군가가 평생 모아온 책만을 의미하지 않는다. 오히려 개인의 진지한 관심사를 반영하여 구체화한 곳에 가깝다. 미국 성직자 토머스 웬트워스 하긴슨은《읽지 않은 책들》에서 책꽂이가 부족해 목수를 불렀을 때의 일을 이야기한다. 목수가 그에게 "정말 이 책들을 다 읽으셨어요?"라고 묻자 그는 이렇게 대답했다. "당신은 도구상자에 있는 도구들을 다 쓰시오?" 물론 아니다. 도구란 나중에 필요할 경우를 대비해 가지고 있다. 이런 의미에서 서재는 읽은 책을 보관해두는 곳이 아니라 필요할 때를 대비하는 공구상자에 가깝다.[8]
>
> - 데이미언 톰슨《책과 집》중

독서는 직장생활에서도 여러모로 큰 도움이 됐어. 처음 인재개발 분야 일을 시작할 때도 관련 서적을 몽땅 사서 공부했고, 일하다 문제에 부딪히면 관련 분야 책부터 사서 읽으며 해결해나갔지. 심지어 연애하기 전에도 관련 책부터 읽으며 준비를 했어(요즘엔 연애를 책으로 배워봤자 생기는 건 2D 여자 친구라는 우스개소리도 있지만).

딸아, 직장생활을 하다 문제가 생기면 지인에게 조언을 구

직장인의 책 읽는 방법은 학창시절과
달라야 해. 지적 유희를 넘어 목적이
분명한 독서를 해야지.

하되 책을 사서 읽는 것도 좋은 습관이란다. 사실 독서는 신앙, 유머 감각, 외국어, 여행과 함께 아빠가 사랑하는 딸에게 물려주고 싶은 유산 중 하나이기도 하단다.

직장인의 책 읽는 방법은 학창시절과 달라야 해. 지적 유희를 넘어 목적이 분명한 독서를 해야지. 나만의 관심 주제를 정해 깊이 있게 책을 읽는 습관은 더없이 좋은 자기개발이지 싶어.

직장인에게 좋은 독서법 6가지

- 한 권의 책을 여러 번 읽는다.

  사람은 한 번 만나서 알 수 없듯이 책도 한 번 읽어서는 그 진가를 발견하기 힘들다.
- 사유하면서 비판적으로 책을 읽는다.

  소화를 잘하기 위해 음식을 잘 씹듯 사색하면서 책을 읽어야 한다.
- 악서나 잡서를 읽느라 시간을 낭비하지 않는다.

  악서는 나쁜 친구보다 위험하다. 악서는 정신을 병들게 하고 판단을 흐리게 한다.
- 눈이 아니라 손으로 읽는다.

  책을 읽을 때는 책 곳곳에 흔적을 남긴다.
- 나만의 서재를 만든다.

  돈으로 치장한 큰 집보다 책이 가득한 서재를 꿈꿔야 한다.
- 글로 써야 확신이 들고 비로소 내 것이 된다.

읽는 것으로는 부족하다. 쓰는 걸 통해 관점이 생기고 생각의 날이 예리해진다.

좋은 책 고르는 습관

- 내 상황과 성향에 맞는 책을 읽는다.
- 나만의 필독도서 리스트를 만들어 지속해서 관리한다.
- 검증된 고전을 읽는다.
- 보편적 가치를 다룬 책을 읽는다.
- 인류사에 영향을 미친 책을 읽는다.
- 독서가나 저자가 추천하는 책을 읽는다.
- 권위와 전문성이 있는 저자의 책을 읽는다.
- 베스트셀러보다 스테디셀러를 읽는다.
- 되도록 원전 내지는 원전에 가까운 책을 읽는다.
- 번역서는 역자의 분야 전문성을 확인하고 고른다.
- 공신력 있는 기관의 추천도서목록을 참고한다.

  ex) 타임지 선정 20세기 최고의 책 100권, 미국 대학위원회 선정 도서 101권, 서울대 선정 필독서 200권, 세인트존스대학 선정 100권, 책 <평생독서계획> 추천 133권 등

방향과 원칙(Purpose)을 잡기 위해

모세 외 〈성경〉 인생의 지침이자 사람을 구하는 법

주희 〈주역〉 (여강출판사, 1999) 우주와 인간의 법칙

장 지오노 〈나무를 심은 사람〉 (두레, 2005) 의미 있는 삶을 사는 법

성숙한 태도와 인격(Personality)을 위해

공자 〈논어〉 (서울대학교출판문화원, 2017) 나를 닦고 사람을 다스리는 법(수기치인), 채우는 지혜

추적 〈명심보감〉 (해냄, 2017) 인격을 다듬는 법

랠프 월도 에머슨 〈스스로 행복한 사람〉 (끌레마, 2013) 높은 인격의 삶을 사는 법

관계(People)에 의연해지기 위해

한비자 〈한비자〉 (휴머니스트, 2016) 사람을 읽는 처세술, 내가 원하는 대로 상대를 바꾸는 법

노자 〈노자 도덕경〉 (휴머니스트, 2018) 비우는 지혜

데일 카네기 〈카네기 인간관계론〉 (씨앗을뿌리는사람, 2004) 대인관계의 처세술

애덤 그랜트 〈기브 앤 테이크〉 (생각연구소, 2013) 주는 자가 이기는 대인관계의 방법

어떤 책을 읽을지 고민이거든

로버트 치알디니 〈설득의 심리학〉 (21세기북스, 2013) 상대를 설득하는 법

일을 통한 성취(Performance)를 위해

손무 〈손자병법〉 (휴머니스트, 2016) 남에게 원하는 것을 얻는 법, 경쟁에서 상대를 이기는 법

사이먼 사이넥 〈나는 왜 이 일을 하는가〉 (타임비즈, 2013) 일하고 의사 결정하는 방법

바바라 민토 〈논리의 기술〉 (더난출판사, 2004) 논리적인 문서작성의 방법

사이토 요시노리 〈맥킨지식 사고와 기술〉 (거름, 2003) 문제해결과 사고의 방법

진 젤라즈니 〈맥킨지, 차트의 기술〉 (매일경제신문사, 2016) 차트 활용 방법

황농문 〈몰입〉 (랜덤하우스코리아, 2007) 일상에서의 몰입의 방법

자기개발과 관리(Professional)를 위해

마이클 카츠, 거숀 슈워츠 〈원전에 가장 가까운 탈무드〉 (바다출판사, 2018) 지혜로운 삶을 사는 법

피터 드러커 〈프로페셔널의 조건〉 (청림출판, 2012), 〈자기경영노트〉 (한국경제신문, 2003) 프로의 자기관리 방법

벤자민 프랭클린 〈프랭클린 자서전〉 (김영사, 2001) 자기관리의 비법

빅터 프랭클 〈죽음의 수용소에서〉 (청아출판사, 2005) 삶의 소중함

2 관계 People

관계만큼 중요한 건 없다

일 때문에 관계를 그르친다면

직장인이라면 저마다 지난 회사생활을 되짚어볼 때 후회스러운 순간이 몇 번은 있을 거야. 아빠도 그랬어. 지금 생각하면 별것 아닌데, 당시에는 바득바득 내 이득만 따지다 얼굴 붉힌 순간들, 그 때문에 관계가 소원해진 사람들을 떠올리면 참 어리석었다는 생각이 들어.

"사람이냐? 일이냐?" 고민하는 순간이 오거든 되도록 사람을 선택해야 해. 적어도 후회는 덜할 거야. 한 번 어긋난 관계를 회복하기는 성을 쌓기보다 어렵거든. 지금 당장은 내가 조금 손해를 보더라도 길게 보면 손해는 아니야. 일보다 사람이 중요하니까. 일은 언제든 만회할 수 있지만 사람은 그렇지 않아.

함께 했던 신입사원 중 선배직원과 관계가 좋았던 후배들은 업무능력이 빼어나지 못해도 좋은 평판을 얻었어. 제아무리 일을 잘해도 선배직원과 관계가 좋지 않은 후배사원들은 좋은 평판을 얻은 경우를 거의 못 봤지. 딸아, 지금 같이 일하는 선배 때문에 힘드니? 아니면 이해 안 되는 어느 직원 때문에 속상하니? 일보다 사람을 놓치는 게 훨씬 큰 손해라는 걸 기억해.

"사람이냐? 일이냐?" 고민하는 순간이
오거든 되도록 사람을 선택해야 해.
적어도 후회는 덜할 거야. 한 번 어긋난
관계를 회복하기는 성을 쌓기보다
어렵거든.

사람을 남기는 직장생활 수칙

- 생색내지 않고 양보하기

  손해를 보더라도 상대방이 서운하거나 맘 상하지 않도록 양보한다.

- 일이 아니라 관계를 지키는 쪽으로 판단하기

  일은 지금이 아니어도 괜찮지만, 사람은 지금이 아니면 힘들 수 있다.

- 타인의 단점에 눈멀기

  아무리 미워도 타인의 단점을 들춰내지는 않는다.

지혜로운 호구가 결국 이긴다

직장에는 여러 유형의 사람이 있는데, 결국 성공하는 사람은 '주는 자'라는 생각이 들어. 타인에게 베푸는 사람 말이야. 주는 사람은 당장 손해를 보는 것 같아도 사람을 남기거든. 반면 자기 이익을 챙기는 사람은 그 순간에는 이익이 될지 모르지만, 길게 보면 사람을 잃을 수도 있어.

"바보처럼 살아라." 아빠 중학교 때 영어 선생님께서 마지막 수업 중 들려주신 얘기야. 나이가 들수록 더 공감돼. 《기브 앤 테이크》라는 책에서 애덤 그랜트는 얼마나 주고 또 받으려고 하는가에 따라 사람을 세 가지로 구분해. 받은 것보다 주기를 더 좋아하는 기버(giver), 준 것보다 더 받기를 원하는 테이커(taker), 준 만큼 받으려 하는 매처(matcher). 사람들은 일하면서 세 가지 중에서 하나의 행동 양식을 택하며 살아간다는 거야.

인간관계는 결국 주는 자가 이길 확률이 높아. 시간이 지날수록 주는 자 주위에는 좋은 사람이 남게 마련이고, 그 사람들의 능력과 지위가 올라갈수록 인맥에 힘이 생기지. 또 주는 자가 베푼 선행은 입소문이 나서 좋은 평판이 남아.

딸아, 타인의 성공과 행복을 돕는 자가 되었으면 해. 결국 주는 자가 이길 확률이 높으니까.

경쟁에서 남을 이기는 법을 담은《손자병법》에 보면, '솔연(率然)'이라는 상산에 사는 뱀이 등장해. 전투를 잘하는 법을 설명하기 위해서지. 솔연은 머리를 공격하면 즉시 꼬리가 덤비고, 꼬리를 공격하면 즉시 머리가 덤벼들어. 또 가운데 허리를 공격하면 곧 머리와 꼬리로 덤벼드는 거야. 또라이 같은 상대가 어떻게 나오든 솔연처럼 쫄지 말고 민첩하고 용맹스럽게 대응해야 해. 호구처럼 주는 자가 되더라도 만만하고 쉽게 안 보도록 경계해야 한단다.

만만하게 보이지 않는 법, 솔연(率然)

- 쫄지 않기

  눈을 피하지 않는다.

  말끝을 흐리지 않는다.

- 민첩하기

  거절 의사는 명확히 표현한다.

  잘못은 즉시 쿨하게 인정한다.

- 용맹하기

  약점을 되도록 보이지 않는다.

  겸손하게 자신의 강점을 어필한다.

노후(Know-who)가 더 중요해

일하는 방법을 친절하게 가르쳐주는 선배직원은 많지 않단다. 스스로 깨달아가야 해. 신입사원이 제 몸값을 할 만큼 업무 숙련도를 익히는 데 적어도 1년은 걸려. 밥값 하는 신입사원이 되려면 시간을 들이고 노력해야 하지. 업무 노하우(Know-how)를 쌓으려면 정보가 어디에 있는지 아는 노웨어(Know-where)가 중요해. 하지만 더 중요한 게 있어. 누가 정확하고 좋은 정보를 알고 있는지 아는 거야. 아마 '노후(Know-who)'라는 말 들어봤을 거야.

직장에서 가장 칭찬받고 일을 잘하는 사람을 찾아 그들의 업무 노하우를 벤치마킹하면 학습시간을 단축할 수 있어. 더 좋은 방법은 그 사람에게 직접 도움을 청하는 거야. "선배님은 기획력이 정말 뛰어나신 것 같아요. 선배님처럼 되고 싶은데 비결 좀 가르쳐주세요"라고 선배를 기분 좋게 하는 낯간지러운 말도 하면서 말이야. 최고를 벤치마킹하는 것처럼 업무에 빨리 적응하는 방법이 또 있을까? 훌륭한 인격까지 지닌 선배라면 업무 외적인 부분에서도 조언을 구할 수 있겠지.

《손자병법》'시계 편'에 훌륭한 장수의 조건으로 지신인용

엄(智信仁勇嚴)을 들어. 지금으로 해석하면 좋은 리더의 조건쯤 인데 좋은 선배를 선별할 때도 참고할 만해. 아래 제시한 순서 대로 좋은 선배라고 보면 돼. 용감하고 엄한 선배보다는 지혜롭고 신뢰할 수 있고 인자한 선배를 추천해. 가까이하면 좋은 최고의 선배는 지혜로운 사람이야.

좋은 선배(혹은 리더)를 구별하는 기준

- 지혜로운(智, Wisdom) 선배

  지혜롭고 판단력이 뛰어나다.

- 신뢰할 수 있는(信, Sincerity) 선배

  신뢰감을 준다.

- 인자한(仁, Benevolence) 선배

  자비심을 베풀 줄 안다.

- 용감한(勇, Courage) 선배

  난관에 부딪혀도 용맹스럽다.

- 엄한(嚴, Strictness) 선배

  원칙과 규율이 명확하다.

셰르파 같은 멘토 그룹 만들기

사랑하는 딸아, 직장생활이 녹록지 않게 느껴질 때가 많을 거야. 그럴 때면 으레 먼저 부모님이나 친구와 먼저 상담하겠지. 하지만 그들의 조언이 전적으로 의사결정의 기준이 되지 않았으면 해. 왜냐하면, 그들은 감정적인 판단을 할 확률이 높거든. 팔은 안으로 굽는 법이니까. 내 자식이, 내 친구가 힘들다는데 당연히 편이 될 수밖에 없지.

> 당신의 과거보다는 당신의 미래를 일깨워주는 사람을 가까이하라.[9]
>
> – 댄 설리번

그럼 누구랑 얘기하라는 거냐고? 주위에 나를 잘 알고 아끼는 3~5명에게 조언을 구하면 어떨까 싶어. 직장 경험이 많고 긍정적이며 미래지향적인 선배면 더 좋겠지. 직장 생활 중 나를 도와줄 멘토 그룹 만들기를 추천해. 히말라야를 등반하는 산악인들이 '셰르파(Sherpa)'라는 등산 안내자의 도움을 받듯이 말이야. 아빠도 중요한 의사결정을 할 때 아빠를 잘 아는 선배

주위에 나를 잘 알고 아끼는 3~5명에게
조언을 구하면 어떨까. 직장 경험이 많고
긍정적이며 미래지향적인 선배면 더
좋겠지. 직장 생활 중 나를 도와줄 멘토
그룹 만들기를 추천해.

에게 찾아가 조언을 구했어. 누구보다 나를 아끼고 나를 위해 기도해주시는 분이었거든. 지혜로운 친구나 선배 한 명과 대화를 나누는 게 몇 권의 책을 읽는 것보다 나을 수도 있어.

멘토를 고를 때는 마치 왕이 신하를 고를 때처럼 되도록 신중하고 눈이 높았으면 해. 전국 시대 초기에 위나라를 강국으로 만든 문후가 인재를 등용할 때 기준으로 삼은 오시법(伍視法)이라는 원칙이 있어. 하루는 문후가 유능한 재상이었던 이극(李克, 또는 이회(李悝))에게 두 명의 재상 후보 중 한 명을 선택해달라고 조언을 구했지. 그러자 이극은 문후에게 스스로 결정했으면 좋겠다며 원칙을 알려준 거야. 오시법이라고 불리는 5가지 인사원칙은 당시 위나라가 왜 강성했는지 보여주는 대목이기도 해. 그만큼 사람을 보고 고르는 기준이 높았어. 멘토뿐만 아니라 친구나 사람을 볼 때도 적용해보면 어떨까?

평소에는 그가 어떤 사람과 가까이 지내는지 보고(居視其所親),
부유할 때는 그가 얼마나 베푸는지 보고(富視其所與),
높은 관직에 올랐을 때는 그가 천거하는 사람이 누구인지 보고(達視其所擧),
궁한 상황일 때는 그가 하지 않는 바를 보고(窮視其所不爲),
가난할 때는 그가 취하지 않는 바를 본다(貧視其所不取).
- 십팔사략(十八史略) 춘추 전국 위 중, 이극(BC 455~395)의 5가지 인재 등용 원칙(伍視法)

평소 주위 친구를 보면 됨됨이를 알 수 있고, 부유할 때 베푸는 것을 보면 마음을 읽을 수 있어. 그가 선택한 사람을 보면 분별력을 볼 수 있고, 힘들 때를 보면 근본밑천을 확인할 수 있고, 가난해도 취하지 않는 것을 보면 자존감을 읽을 수 있지.

딸아, 인생의 중요한 순간마다 네게 도움을 줄 든든한 멘토 그룹을 만들기 바라.

언제나 내 편이 되는 단 한 사람

입사한 지 6개월 된 박 사원이 있었어. 입사 초기 그녀는 늘 미소 띤 얼굴로 선배직원들의 사랑을 받았지. 하지만 연일 야근으로 다크 서클이 턱밑까지 내려갔지 뭐야. 만만찮은 업무 강도에 체력도 떨어지고 말이야. 점점 자신감도 떨어졌어. 처음에는 주말마다 친구를 만나 답답한 마음을 털어놓으며 스트레스를 풀었어. 하지만 상황은 변하지 않았지. 오히려 일은 더 쌓여만 갔고, 이렇게 직장생활을 계속하면 힘들겠다 싶었지. 그래서 참다못해 팀장에게 퇴사 면담을 신청한 거야.

직장생활을 그만두는 이유는 다양하지만 공통점이 두 가지 있어. 마음을 다치게 한 '단 한 사람' 때문이거나, 마음을 열고 얘기할 '단 한 사람'이 없기 때문이지. 함께 일하는 사람은 여럿일지 몰라도 결정적인 순간에 혼자가 되는 거야. 박 사원이 얼마나 하고 싶은 얘기가 많았을까 생각하면 정말 안타까워. 고민을 터놓고 얘기할 사람이 마땅히 없었다는 게.

직장생활을 지혜롭게 하는 방법의 하나는 마음을 터놓고 얘기할 만한 사람을 만드는 거야. 고민거리가 생기면 언제든 얘기할 수 있는 그런 사람 말이야. 같은 부서가 아니라도 좋아.

그게 더 편할 수 있어. 내 얘기를 들어주기만 해도 위로가 돼. 일부러 여러 사람을 사귀려고 할 건 없어. 단 한 사람이어도 충분하니까.

> 1955년, 하와이 카우아이섬에 833명의 아이가 태어났다. 그 아이들을 대상으로 30년 동안 카우아이섬 종단 연구로 불리는 대규모 심리학 실험이 진행되었다. 833명의 신생아 중 201명은 고위험군으로 분류된 가정환경 속에서 태어났고, 연구진들은 이 아이들이 사회 부적응자로 성장할 거라 판단했다. 그러나 이 모든 예상을 깨고 201명 중 3분의 1에 해당하는 72명이 부유한 환경에서 자란 아이들보다 더 도덕적이며, 성공적인 삶을 이뤄냈다. 부모의 경제적 지원도 받지 못하고 온갖 실패와 좌절 속에서도 훌륭히 자라난 72명의 아이에게서 연구진은 하나의 공통점을 발견한다. 잘 자란 아이들의 주변에는 언제나 어떤 상황에서도 아이들을 믿어주고, 조건 없는 사랑을 베풀어주는 사람이 있었다. 조부모나 친척, 때로는 이웃 사람, 선생님 등 잘 성장한 아이들의 옆에는 단 한 명이라도 언제든 내 편이 되어주는 '단 한 사람의 존재'가 있었다.[10]
>
> – 댄 자드라《파이브》중

지혜로운 대인관계를 위해 기억할 3가지

- 배우고 따를 만한 사람을 가까이한다.

  직장생활 중 나의 성장을 도와줄 선배를 만나는 것은 큰 행운이다.

- 제아무리 친하더라도 쓸개까지 다 내놓지는 않는다.

  내 약점보다는 되도록 강점을 부각한다. 오늘 친해도 내일 적이 될 수도 있다.

- 썩은 사과를 경계한다.

  동료를 사귈 때 유의한다. 부정의 씨앗은 금방 전염된다. 한통속으로 취급받을 수 있다.

내 편 100명 만들기보다 적 1명 안 만드는 게 낫다

직장생활을 하다 보면 맘에 들지 않는 사람이 있게 마련이야. 근데 내 마음에 들지 않는 사람과 어떻게 지내느냐가 직장생활의 질을 좌우하는 때가 의외로 많아. 손에 가시가 박히면 가시가 작아도 신경이 거기에 집중되듯이 말이야. 직장생활 중 되도록 적을 만들지 않게 노력하는 건 중요해. 한번은 박 사원이 상담을 요청했어. 조직개편이 되면서 새로운 팀에서 고 팀장과 일하게 됐는데, 자신과 안 맞아서 고민이라는 거야. 얼굴을 마주치는 것도 싫을 정도래. 며칠 전 고 팀장에게 사소한 일로 야단을 맞다가 싫은 티를 내서 상황이 악화하고 말았어. 그 후로 그들은 서로 대화도 안 하고 서먹서먹하게 지냈대. 안타깝게 관계는 회복되지 않았고, 급기야 3주 후 박 사원은 퇴사하고 말았어.

곰곰이 생각해보면 평생 친하게 지내는 사람은 정말 손에 꼽을 만큼 적어. 우리가 만나는 사람 대부분은 그냥 스쳐 지나가는 사람들이야. 인생은 친한 사람과 잘 지내는 것보다는 나

내 마음에 들지 않는 사람과 어떻게
지내느냐가 직장생활의 질을 좌우하는
때가 의외로 많아. 되도록 적을 만들지
않게 노력하는 건 중요해.

그네 같은 사람들과 어떻게 지내느냐가 중요해. 그중에서도 내가 좋아하는 유형의 사람은 별로 신경 쓸 게 없어. 내가 싫어하는 사람과 어떻게 지내는지가 중요해. 오죽하면 영화제작자 사무엘 골드윈은 "인생의 기술 중 90%는 내가 싫어하는 사람과 잘 지내는 방법에 관한 것이다"라고 했겠니.

아빠도 일하면서 마음에 들지 않은 사람을 종종 만났어. 그중엔 자신의 이익을 위해 사실을 왜곡하고 모함하는 사람도 있었지. 화가 나서 말다툼도 하고, 직속 상사에게 억울한 심정을 토로하기도 했어. 대부분 그런 일은 지나고 보면 후회되더라고. 그렇게 화를 낼 건 아니었는데 하고 말이야. 한 번 어긋난 관계는 회복하기 쉽지 않지만, 어디선가 또 마주하기는 쉽지.

박 사원은 팀장이 마음에 들지 않더라도 티 나게 싫은 내색까지 할 필요는 없었어. 이후 박 사원에게 상황이 불리하게 돌아갔거든. 고 팀장을 통해 다른 리더 사이에 박 사원에 대한 좋지 않은 인식이 생겼고, 이직할 때도 걸림돌이 됐어. 옮기려는 회사에서 직속 상사인 고 팀장에게 평판 조회 전화가 갔거든. 어떤 선배를 만나더라도 등지고 적이 되면 얻는 것보다 잃는 게 더 많을 테니 신중해야 해. 또라이 질량보존의 법칙처럼 어딜 가든 맘에 안 드는 또라이 같은 상사를 만날 수 있지. 내 편 100명을 만드는 것보다 적 1명을 만들지 않는 게 더 나을 수도 있다는 걸 기억해.

내 평판 조회 전화는 등지고 떠난 상사가 받는다

"박 사원, 어때요? 솔직하게 얘기해주실 수 있나요?" 관리자 직급이 되면 채용담당자로부터 함께 일하던 후배직원의 평판을 묻는 전화를 종종 받게 돼. 질문은 주로 태도, 관계, 업무에 관한 내용이야. 후배직원이 떠날 때 모습이 아름답지 않았다면 어떨까? 더 안 볼 사람처럼 직장 동료나 선배직원을 등지고 떠나지는 말아야 해. 이직과 같은 결정적인 순간에 의외의 복병이 될 수 있어.

한 취업 포털의 조사[11]에 따르면, 직종을 불문하고 퇴사자의 직급은 사원이 57.4%로 다른 직급에 비교해 월등히 높았어. 대리급이 23.7%, 과장급이 11%인 것과 비교돼. 또 인사담당자가 평판 조회를 하면서 채용 대상자의 예의 없는 행동을 들은 경험이 있다는 응답이 22.3%였대. 문제는 실제로 50%는 대상자를 감점 처리하고, 43.3%는 바로 탈락시켰다는 거야. 예의 없는 행동이 채용에 영향이 없었다는 의견은 6.7%에 불과했대.

평판은 남이 대신 써주는, 눈에 보이지 않는 이력서 같은 거야. 눈에 보이는 이력서보다 더 큰 위력을 발휘하는 순간이 생겨. 이직할 때 지켜야 할 몇 가지 매너가 있어. 업무 인수인계를 확실히 해야 해. 업무 공백을 최소화하기 위해서 말이야. 되도록 팀원이나 조직의 상황을 배려해 퇴사 시점을 조율하고, 시간 여유를 두고 이직 사실을 알리면 좋아. 퇴사 전까지 성실하게 근무하는 것은 기본의 기본이야. 만약 진행 중이던 프로젝트나 업무가 있으면 되도록 마무리를 하는 게 좋아. 당연한 거긴 한데, 회사나 프로젝트 관련 정보와 기밀 사항에 대해서는 비밀을 꼭 지키고.

이직 전 챙겨야 할 6가지

- 무작정 사표부터 던지지 않는다.
  이직할 직장으로 입사가 확정되기 전에는 사내에 알리지 않는다.
- 옮길 회사를 인터뷰한다.
  인터뷰 등 다양한 경로로 이직할 회사, 함께 일할 사람, 문화 등을 미리 알아본다.
- 연봉보다 인상률을 챙긴다.
  매년 연봉인상률이 어느 정도인지 꼭 확인한다.
- 직속 관리자에게 먼저 알린다.
  동고동락한 관리자만큼 이직을 안타까워하고 응원해주는 사람은 없다.
- 화해하고 떠난다. 뒷모습을 오래 기억한다.

관계가 원만치 않았던 사람과 화해한다.

- 고마운 분들께 감사를 표현한다.

  함께 하는 동안 애착을 가지고 도와준 사람들에게 감사의 인사를 꼭 한다.

이직 후 챙겨야 할 3가지

- 이직 후 한 달은 되도록 지각하지 않도록 주의한다.
- 중심인물(Key Man)을 파악하고 그의 마음을 산다.
- 가능한 한 빨리 업무 능력을 보여준다.

직장 내 정치를 대하는 자세

"정치는 윗사람들이나 하는 거 아녜요?" "정치, 그거 안 좋은 거 잖아요." "저는 정치 안 할래요." 혹시 이렇게 생각하지는 않니? 하지만 정치는 직장생활의 필요조건이야. 충분조건은 아니지만 말이야. 직장에 이런 직원이 있을 거야. 능력은 안 되면서 선배직원에게 잘 보이려고 하는 직원 말이야. 못마땅하고 얄미워 보여도 마냥 욕할 수는 없어. 조직에서 높은 위치로 갈수록 능력은 기본이고 정치가 기본이니까. 적당한 정치는 직장생활에 윤활유가 되기도 해. 필요한 만큼의 적당한 아부는 직장생활에 도움이 되지.

직장에서 선배직원의 호감을 얻기 위해 지혜를 발휘해봐. 조직에 들어왔으면 실세를 파악해야지. 그 사람을 내 편으로 만들면 도움을 많이 얻을 수 있거든. 다만 약게 그 사람에게만 잘하는 것은 곤란하지만, 선배직원의 코드를 잘 읽고 적절하게 처신하면 적어도 손해 볼 건 없어. 선배직원의 성격, 취미, 인맥, 식성, 버릇 같은 것에 평소 관심을 두고 상황에 맞춰 소소하게 센스를 발휘하라는 거야. 예를 들어 선배직원이 따뜻한 아메리카노를 좋아하면 카페에서 "따뜻한 아메리카노로 주

문할까요?"라고 먼저 묻는 거야. 거창할 것 없어. 선배직원이 선호하거나 유독 싫어하고 금기시하는 게 무엇인지도 파악해서 시의적절하게 활용해봐. 그러면 실수를 줄일 수도 있고, 별 것 아닌 일로도 '매너 있는 사원'이라는 긍정적인 평을 얻을 수 있거든.

맡은 일을 열심히 하는 것도 중요하지만, 일은 한만큼 적당히 티를 낼 줄도 알아야 해. "김 과장님, 제가 어제 재고 파악 마무리하느라 밤늦게 들어가서요. 오늘 좀 일찍 들어갈게요." 선배가 자신을 몰라준다고 속으로 서운해하고 있지만 말고. 정치 센스가 좋은 신 사원이 있었어. 그는 오후 서너 시쯤 업무에 집중이 안 될 때면 같은 팀 김 수석에게 찾아가서 "커피 한 잔 사주세요"라고 요청했지. 한담을 나누며 일할 때 고민되거나 어려웠던 문제를 슬쩍 털어놓으면 김 수석은 기꺼이 신 사원에게 힘이 돼 주었어. 프로젝트 노하우를 가르쳐준다거나 휴가를 가게 배려하면서 말이야. 신 사원이 티를 내지 않았으면 그런 도움을 얻지도 못했을 거야.

선배를 기분 좋게 하는 자연스러운 표현법

- 가끔 한 번은 커피나 음료수 사기

  "가끔은 제가 사드려야죠. 매번 사주시잖아요!"

- 머리를 하거나 옷차림 등 작은 변화에 관심 두기

  "머리하신 것 잘 어울리시는데요! 예뻐 보이세요."

- 선배의 개인적 애경사(장례/생일/기념일 등) 챙기기, 특히 애사(장례, 사고 등)는 꼭!

  "생일 축하드려요."

- 말로라도 선배의 공을 인정해주기

  "다 과장님 덕분이죠. 과장님 아니면 이렇게 못했을 거예요."

- 선배가 잘하는 점 칭찬하기

  "팀장님은 츤데레세요. 무심한듯하면서도 뒤에서 후배들 잘 챙겨주세요."

- 술은 못 마셔도 회식 자리 끝까지 지키기

  "얘기하는 건 좋아하거든요."

- 선배직원의 관심사 맞추기

  "저도 그 책 읽었는데, 저는 이 부분이 좋더라고요."

낯선 행성에서 다른 세대를 알아야 하는 이유

다음 세대는 현세대가 축적해놓은 고된 작업과 헌신을 자연스럽게 받아들여야만 한다. 그다음 그들은 선배의 어깨 위에 올라앉아 또 다음 세대의 기초가 될 새로운 최고의 노력과 헌신을 해야 한다.[12]

- 피터 드러커

지난 반세기 동안 우리나라처럼 드라마 같은 성장을 이룬 국가가 또 있을까? 서양에서는 18세기 후반에 시작된 1차 산업혁명부터 최근 4차 산업혁명까지 200년이 넘게 걸렸어. 우린 60여 년 만에 일군 셈이야. 이 시기에 각 세대 생애주기의 경험이 다른 만큼 차이점이 많지. 사회나 직장, 가정에서 우리가 겪는 세대 차이와 갈등의 문제는 어쩌면 당연한 거야.

예컨대 전통세대는 전쟁 후 황폐해진 나라의 토대를 세웠다면, 베이비붐 세대는 산업화의 단계로 이끌었어.[13] X세대가 민주화의 문을 열어젖혔다면, 밀레니얼 세대는 4차 산업혁명

'세대 간의 서로 다름'을 이해하려는
노력이 절실해. 성숙한 관계는 다름을
이해하고 역지사지하는 노력에서
시작되는 거니까.

의 선봉에 선 거야. 곧 Z세대가 바통을 이어받을 거고. 세대별로 시대가 던지는 사명을 수행하느라 역할이 달랐어. 회사는 이런 다양한 세대가 모여 공존하는 곳이야. 그래서 서로 경험이 다른 세대에 대한 이해와 공감이 더 필요할 수밖에 없어.

우리는 압축 성장으로 인해 각 세대가 서로 다른 역사적 사건을 겪었어. 세대 간 경험이 다르다 보니 가치관의 차이도 생긴 거야. 정보화시대로 바뀌면서 세대와 계층 간에 정보와 기술의 격차도 심해졌어. 이후 개인화, 탈권위가 가속화되었고, 세대 간 디지털 정보 소외(Digital Divide)도 새로운 문제가 되었지. 또 최근에는 저출산, 고령화, 인구 감소로 인해 핵가족화와 1인 가구 증가로 세대 간 소통의 기회는 갈수록 부족해지고 있어.

이럴수록 '세대 간의 서로 다름'을 이해하려는 노력이 절실해. 성숙한 관계는 다름을 이해하고 역지사지하는 노력에서 시작되는 거니까. '이청득심(以聽得心)'이라고 들어봤니? "상대의 말을 들음으로써 마음을 얻는다"는 의미의 고사성어야. 중국 노나라 임금이 바닷새를 비궁 안으로 데려와 술과 진미를 권하고 융숭하게 대접해. 하지만 바닷새는 슬퍼하며 아무것도 먹지 않다 사흘 만에 죽고 말아. 아무리 좋은 거라도 상대방의 입장을 고려하지 않는다면 소용없어. 이청득심은 서로 특성이 다른 세대가 가져야 할 마음이지 싶어.

요즘 젊은 세대를 보면 선배세대로서 미안해져. 더 일하기 좋은 환경을 물려주지 못한 것 같아서. 회사는 아직 산업화 시대의 문화나 일하는 방식에 머물러 있다는 느낌을 지울 수 없거든. 요즘 입사하는 후배들을 보면 나라도 힘들겠다는 생각이 드니까. 회사라는 곳이 '지옥고'(반지하, 옥탑방, 고시원)에서 주거 빈곤으로 살아가는 젊은이들이 꿈꾸던 아름다운 터전인가 싶어서 말이야.

신입사원들에겐 회사가 낯선 행성처럼 느껴질 거야. 기성세대 직원들에겐 신입사원이 외계인처럼 느껴지겠지. 그럴수록 서로 다른 세대를 이해하려는 마음이 더 필요해 보여.

알면 유익한 세대별 특성

- 밀레니얼 세대(1980~2000년생)

  질문자: 문제의식이 강하고 호기심이 많다.

  조급증 어른이: 컴퓨터, 인터넷의 영향으로 성격이 급한 편이다.

  학습자: 자기개발 욕구가 강하다.

  최신기술 숙련자: 최신 기기에 익숙하고 능숙하게 다룬다.

  의미추구자: 명확한 설득 논리를 원한다.

  현실주의자: 미래보다는 현재의 행복에 더 관심이 있다.

  성취주의자: 칭찬에 익숙하며 성취 지향적이다.

- X세대(1965~1979년생)

  디지로거: 디지털과 아날로그 향수를 동시에 가지고 있다.

  독립주의자: 간섭받기 싫어하고 독립적이다.

문화선도자: 산업화 수혜세대로 이념의 빈자리를 문화로 채운 세대이다.

밸런서: 일과 삶의 균형을 중시한다.

진보주의자: 민주화 세대로 진보정당이나 후보의 지지성향이 강하다.

- 베이비붐 세대(1955~1964년생)

교육열 높은 가족주의자: 부모 부양과 자녀 양육에 관심이 크다.

근면주의자: 압축성장의 산업화 주역으로 성실하다.

안정추구자: 급변하는 시대를 겪어서 안정 지향적이다.

중재자: 원조 낀 세대로서 선후배 세대의 다리 역할을 했다.

- 전통세대(1940~1954년생)

안보주의자: 전쟁 체험 세대로 안보의식과 애국심이 강하다.

권위주의자: 유교 문화의 영향을 크게 받아 예의, 서열을 중시한다.

근검절약가: 보릿고개를 겪으며 근검절약이 몸에 배 있다.

내 마음에 깨끗한 화장실 하나 두기

입사한 지 얼마 안 된 후배에게 들은 얘긴데, 회사 동기들과 회식을 하다가 직장생활이 힘들다며 울음을 터트린 동료도 있대. 웬만큼 적응할 시간이 지났는데도 여전히 힘들다는 거야. 물론 조직마다 개인마다 이유가 다양하겠지만 과거나 권위에 갇힌 꼰대 같은 선배직원과 꼰대 문화 때문이지 않을까 싶어. 그도 그럴 게 신입사원에게 회사는 불리한 것 천지지. 출발선부터 다르니 말이야. 무엇보다 답답한 건 힘들어도 표현하기가 쉽지 않다는 거야. 후배에 대한 배려가 부족한 선배를 만났을 때는 더더욱 그렇고. 그럴 땐 이렇게 해보면 어떨까?

볼일이 급한데 근처 건물에 화장실이 모두 잠겨서 당황한 경험이 있지 않니? 반대로 급하게 화장실을 찾는데 마침 가까운 건물에 문이 열려 있는 때도 있잖아. 근데 들어간 화장실이 비데까지 설치된 데다 향기 나는 화장지까지 걸려있는 거야. 얼마나 고맙니? 우리 마음에도 지나가는 나그네가 편히 일을 보고 갈 수 있도록 공중화장실을 하나 둔다고 생각하면 어떨까? 직장생활을 하다 선후배 직원이 내게 감정을 상하게 해도 개의치 않는 거야. 마음의 화장실이 하나쯤 있으면 직장생활에 도움이 될 거야. 예컨대 누군가 내게 기분을 언짢게 하는 얘길 하면 "화장실에서 편히 일 보고 가세요"라는 마음으로 그러려니 하고 생각해보는 거야. 그럼 마음이 좀 편하지 않을까?

직장생활을 하다 보면 일 근육만큼이나 마음 근육이 필요해. 타인으로부터 나를 지키고 슬기롭게 감정을 관리하고 표현하는 나만의 방법을 터득해야 해. 예의 없는 선배직원이 가끔 개소리하면, 맘속으로 '죄송해요. 저는 사람이라서 그런 얘기는 못 알아듣거든요'라고 무시해버리는 거야. 품격 없는 무례한 언어에 네 영혼이 상처받거나 물들지 않도록 지켜야 해. 네 영혼은 소중하니까.

1급수 물고기로 사는 법

이 사원은 중소기업에 텔레마케터로 입사했어. 면접 때 만난 김 상무와 같은 부서에서 근무하게 되었지. 출근 첫날, 인터뷰 때 본 그 사람이 맞나 싶을 정도로 다른 사람인 걸 알게 됐어. 실적이 부진한 팀장을 질책하는 고성이 김 상무의 집무실 문 밖으로 새어 나왔으니까. 점심시간엔 이 사원과 비슷한 연배이면서 먼저 입사한 직원 몇 명과 근처 햄버거 가게에서 식사했지. 그런데 식사하는 내내 그들은 회사에 대한 온갖 악평을 쏟아냈어. 이 사원은 놀랠 수밖에 없었어. 주말까지 지인들의 축하 인사를 듣고 입사했는데, 입사 첫날부터 퇴사를 고민하게 된 거야.

사람을 보려면 입에서 흘러나오는 말의 품격을 보면 돼. 내뱉는 말은 영혼의 그림자 같은 거니까. 말버릇으로 그 사람의 인격을 가늠할 수 있어. 내뱉는 언어가 딱 그 사람의 수준이니까. 조직도 마찬가지야. 조직의 수준을 보려면 리더들의 말, 직원들의 뒷담화 수준을 보면 얼추 짐작할 수 있어. 조직문화는 조직의 역사만큼의 시간이 쌓여 만들어지는 거니까. 사람은 과거에 내뱉은 말이 자기 예언이 되어 지금을 살아가는 건지도 몰라. 함부로 말하면 안 돼.

이 사원은 힘들어도 버텨보자는 심산으로 참고 근무했어. 6개월이 지날 무렵 함께 일하다 한 달 전에 퇴사한 TM 2팀 선 팀장에게 연락이 왔지. 선 팀장은 새로 입사한 유통회사의 총무팀에 사원급 직원 정원(TO)이 생겨 이 사원을 추천했어. 비슷한 또래 젊은 사원과 달리 긍정적으로 일하는 이 사원의 모습을 눈여겨본 거야. 2주 후 이 사원은 그 회사로 옮겼어. 직장생활을 하면서 회사나 다른 직원을 악평하는 사람이 되지 않았으면 해. 서 있는 자리에 침을 뱉는 격이니까. 정말 맘에 들지 않는다면 조용히 회사를 그만두는 게 나을지도 몰라. 애초에 그 직장에 잘못 들어간 것일 수도 있으니까. 1급수 물고기는 2, 3급수에 오래 살 수 없듯이 말이야.

3급수 물에서 1급수 물고기가 사는 법

- 부정의 씨앗을 뿌리는 자가 되지 않는다.

  누구에게도 도움이 되지 않는다. 자신의 평판에 악영향을 미친다.

- 험담하는 자리에 있지 않는다.

  썩은 사과를 가까이하면 냄새가 배거나 썩게 마련이다.

- 있는 곳이 싫거든 더 깨끗한 물로 거슬러 오른다.

  너무 조급하게 판단하지는 않는다.

3　성과 Performance

밥값 이상 한다는 것

바쁘다면 잘하고 있는 거야

프로젝트를 하면서 고객으로 만난 손 사원이 있었어. 착수보고 때 처음 그와 인사를 했는데, 출근한 지 며칠 안 된 그땐 생기가 넘쳤지. 3개월쯤 지나 그를 다시 만났는데 큰 고민이라도 있는 듯 웃음기가 가시고 여유가 없어 보였어. 어떻게 지내는지 물으니 일이 많아서 바쁘다고 했지. "이제 적응이 다 됐겠네요?"라며 한 번 더 질문을 던졌는데 한숨 쉬며 이렇게 대답하는 거야. "요즘 일이 많아서 힘들어요. 제가 바보가 된 기분이에요. 팀장님의 요구수준이 높으신데, 잘 못 따라가거든요." 하고 싶은 말은 많지만 참는 듯했지. 위로의 말을 전하고 싶었지만, 시간을 뺏을까 봐 말을 잇지 못했어. 그는 제 할 일을 하기 바빴거든.

"왜 나만 바쁘지?" 나에게만 일이 몰린다고 생각할 수 있어. 하지만 기억해. 선배들은 일을 못 하는 후배에게 선뜻 일을 맡기지 않거든. 일이 많고 바쁘다는 것은 그만큼 내가 인정받고 일을 잘하고 있기 때문이라고 볼 수도 있어. 선배들은 일 잘하는 후배와 일하고 싶어 해. 선배에게 인기가 많다 보면 일이 많아지게 마련이야. 바쁘다면 그만큼 일을 빨리 배울 수 있으니 더 긍정적으로 생각해. 또 일이 없는 사람을 부러워할 것 없어.

바쁘다면 그만큼 일을 빨리 배울 수
있으니 더 긍정적으로 생각해. 일이 없는
사람을 부러워할 것 없어. 일이 없다는
건 배울 기회가 그만큼 적다는 얘기니까.

일이 없다는 건 배울 기회가 그만큼 적다는 얘기니까.

사실 손 사원에게 전해주고 싶은 얘기가 있었어. 지금 바쁘다고 너무 스트레스받지 않았으면 한다고. 이미 잘하고 있는 거라고 말이야. 학교 다닐 때는 안 쓰던 업무의 잔 근육을 늘리느라 조금 고통스러운 거니까. 전문가처럼 일 잘하는 선배들도 다 걸어왔던 길이거든. 오히려 일이 많지 않고 스트레스도 별로 없는 걸 걱정해야 할지도 몰라. 남들은 뛸 때 나는 걸어가는 것일 수도 있으니까.

딸아, 인생에서 이 시절은 다시 오지 않아. 퇴근 후에 자기 개발을 하는 것도 좋지만, 일을 통해 배우는 게 최고의 학습이라는 사실을 기억해. 일과 공부를 분리해서 생각하지 않았으면 해. 바쁘다면 잘하는 거야. 넌 얼마든지 잘 해낼 수 있어.

바쁠 때 지혜롭게 보내는 법

- 업무를 효율적으로 하는 법을 고민한다.

  더 잘하고 더 많이 아는 직원에게 도움을 구한다. 조언을 구하는 걸 두려워하지 않는다.

- 거절을 통해 업무를 조정한다.

  밤샘을 계속할 정도라면 리더가 업무 배분을 잘 못 했을 수 있다. 업무조정이 필요함을 알려야 한다.

- 이 또한 지나가리라.

  언제까지나 계속 바쁠 수는 없다. 폭풍은 때가 되면 지나간다.

부지런한 개미보다
스마트한 베짱이

언젠가부터 일과 삶의 균형을 의미하는 워라밸(Work Life Balance의 줄임말)이라는 말이 많이 쓰이고 있어. 삶보다는 일(공부)에 무게 중심을 두고 사느라 삶을 놓치기 싫기 때문일 거야. 2018년 7월 1일부터 주 52시간 근무제가 시행되면서 이젠 고유명사로 자리 잡는 듯해. 근데 워라밸에 대해 생각해볼 게 하나 있어. 애초 일과 삶의 균형(Balancing)을 실현하기는 쉽지 않아. 아빠 생각엔 워라밸은 일과 삶의 '균형'이라기보다 일과 삶의 '어우러짐(Integrating)'이라는 표현이 더 적합해. 예컨대 중요한 프로젝트를 할 때는 일에 집중하고, 그러다 여유가 생기면 삶에 집중하듯 말이야.

아빠도 신입사원부터 시작해 30대 중반까지 주니어 시절을 보냈어. 업무 강도로 볼 때 둘째가라면 서러워할 만큼 일 복이 많았지. 야근과 주말 출근을 밥 먹듯 했으니까. 사실 누가 야근을 하라고 종용한 것은 아니었어. 프로젝트 결과물의 완성도를 높이려고 스스로 야근을 자처할 때가 많았으니까. 덕분에 비교적 짧은 시간 안에 전문성이 향상되었고 지금은 하고 싶은 일을 할 수 있는 여유와 기회가 더 생기게 되었지. 열심히 또 지혜롭게 일하는 건 인생의 진정한 워라밸을 위한 밑 작업이야. 워라밸이라는 단어에 현혹되지 말고 젊어서 열심히 일하면서 워라밸을 누릴 시간을 앞당기길 바라.

우리나라의 연평균 노동시간은 OECD 국가 중 최상위를 다퉈.[14] 그런데 노동생산성은 꼴찌를 다툴 정도야.[15] 열심히 일하지만 일한 만큼 결실이 많지는 않다는 얘기지. 워라밸은 '저녁이 있는 삶'도 중요하지만, 생산성을 높이는 게 핵심이야. 진정한 워라밸을 누리고 싶다면 업무시간에 더 집중해서 일해야 할지 몰라. 행복을 좇으며 즐기는 것도 중요하지만, 불행을 대비하는 지혜도 필요하지. 예기치 않게 불행이 찾아오면 못 버티고 더 힘들지 않게 말이야.

일과 삶, 두 영역 모두에서 성공한 사람들의 특징이 뭔지 아니? 그들은 정말 생산적으로 일해. 그렇게 확보한 시간을 삶에 투자하는 거야.

사랑하는 딸아, 주니어 시절엔 일 근육을 단련하면서 역량을 쌓아야 해. 경험의 질량을 늘리는 데 투자하면서 열정을 쏟길 바라. 부지런한 개미보다는 쉴 땐 쉬고 일할 땐 몰입해서 일하는 베짱이가 앞으로는 더 경쟁력이 있지 않을까? 열심히도 좋지만 지혜롭게 일하길 응원해.

'어제의 나'와 경쟁하기

배려심 많고 차분한 성격의 유 사원이 있었어. 그는 입사 후 직장생활에 대한 기대감과 열정으로 가득 차 있었지. 근데 시간이 지날수록 표정이 마르면서 자신감도 시들어갔어. 제대로 할 수 있는 게 없는 자신과 업무에 능숙한 직장 선배들을 비교하면서 마음이 조급해진 거야. "나는 언제쯤 양 선배처럼 일을 잘해낼 수 있을까?"라는 생각에 초조해졌어. 여전히 직장에서 쓰는 업무도 익지 않고, 고객을 만나거나 전화 받는 게 두렵고, 선배에게 꾸중을 들으면 더 움츠러들고, 워드나 파워포인트를 활용해 문서 작성하는 것도 서툴고 말이야. 같이 입사한 동료들은 잘 적응하는 것 같았지.

연구에 따르면 행복한 사람은 타인과 유대감(Companion)이 강하고, 불행한 사람은 타인과 비교하는 것(Comparison)에 익숙하다고 해.[16] 행복한 사람은 서로 신뢰하며 힘이 되어 줄 수 있는 사람과 끈끈한 관계를 유지하며 살지. 하지만 불행한 사람은 자신보다 더 좋아 보이는 사람과 비교하면서 열등감으로 살고 말이야. 직장에는 나보다 경력이 많고 똑똑한 동료나 선배가 많아. 불행한 사람은 그들 모두를 경쟁자로 인식하는 사람이야.

> 성공한 상인과 그렇지 못한 상인의 차이점이 있다. 성공한 상인은 어제보다 지혜롭고, 어제보다 너그러우며, 어제보다 삶을 잘 알고, 어제보다 잘 베풀며, 어제보다 여유롭다.
> - 리카싱 청쿵그룹 회장

입사가 늦어도, 작은 직장이어도, 적응이 늦어도, 칭찬의 말을 덜 들어도, 업무가 빨리 익숙해지지 않아도, 만족스러운 평가를 못 받아도, 승진이 좀 늦어도, 결혼이 좀 늦어도, 애를 늦게 가지거나 없어도, 좀 덜 벌더라도 걱정하지 마. 서두를 건 없어. 남과 비교하는 마음은 꺼버리고, 내 시계에 맞추는 거야. '어제의 나'보다 딱 1밀리미터만 성장하면 되지 않을까? 탈무드에 이런 말이 나와. "형제의 개성을 비교하면 모두 살리지만, 형제의 머리를 비교하면 모두 죽인다." 남보다 뛰어나려고 하기보다는 남다르게 살기 위해 노력했으면 해.

스노클링 말고 딥 다이빙하기

출근한 지 얼마 되지도 않았는데 부담스러운 업무를 맡을 수도 있어. 선배가 숙제 검사를 하듯이 수행한 업무를 확인할라치면 두근두근 가슴이 뛰겠지. 아니, 선배가 이름만 불러도 가슴이 뛸 거야. 선배직원이 후배에게 기대하는 것은 탁월한 분석도 좋지만, 의견을 내는 거야. 아직 업무 파악도 못 한 신입사원 처지에서는 부담스러운 요구로 느껴질 수도 있겠지. 하지만 적어도 고민한 흔적은 있어야 한다는 거야. 고민하지 않은 뻔한 결과물은 그야말로 최악이거든. 시간이 부족해도 자기 생각을 담으려고 노력해봐. "네 생각은 뭔데?"라는 선배직원의 질문에 대비하라는 얘기야. 이제부터는 숙제하듯 수동적이면 곤란해. 과제를 대할 때 능동적이어야 해. 비유컨대 해변에서 스노클링하는 수준이 아니라 바다로 나가서 깊게 다이빙하라는 거야. 새로운 것을 찾아내려고 절치부심해야 하지. 깊이 있게 고민하는 시간을 늘려야 나의 일 근육을 단련할 수 있으니까. 근무한 시간보다 문제를 두고 고민하는 몰입의 시간이 얼마인가를 챙겨야 해. 중요한 건 생산성이고 효율성이니까.

딥 다이빙하기 위해서는 쉽게 포기하지 않는 '근성'을 발휘

시간이 부족해도 자기 생각을 담으려고
노력해봐. "네 생각은 뭔데?"라는
선배직원의 질문에 대비하라는 얘기야.
숙제하듯 수동적이면 곤란해. 과제를
대할 때 능동적이어야 해.

해야 해. 펜실베니아대 심리학과 교수인 앤젤라 더크워스가 천 명이 넘는 세일즈맨, 교사, 군인 등을 대상으로 성공에 대해 연구한 결과를 담은 책《그릿 GRIT》에서 성취를 이룬 사람들에게 공통으로 발견한 성공의 결정적 요인은 '열정과 끈기'였어. 아빠는 직장생활을 하면서 이를 직접 확인했지. 해결해야 할 과제를 붙들고 고민을 많이 하는 신입사원들이 성장 속도가 빨랐어. 고민의 질량과 깊이만큼 내 전문성이 쌓이는 거니까. 이건 선배사원도 쉽게 가르쳐줄 수 없는 영역이야. 스스로 터득해야 하는 거니까. 서두를 것 없어. 꿈을 실현하려고 끝까지 물고 늘어지는 인내심만 있다면 어느덧 성공은 친구처럼 내 옆에 와 있을 테니까.

과감하고 우아하고 세련된 거절의 기술

신입사원에게 정말 어려운 일 중의 하나가 거절이야. 설령 선배의 지시가 부당하더라도 업무 경험이 없는 신입사원에겐 거절할 마땅한 논리가 부족하니까. 입사 때부터 거의 매일 야근을 하는 탁 사원이 있었어. 업무 욕심이 많은 팀장은 외근하고 돌아오면 신입사원에게 늘 새로운 일을 맡기는 거야. 업무숙련도가 부족할 수밖에 없는 탁 사원은 날마다 야근해도 밀린 업무를 다 처리할 수 없었어. 입사 초기에는 종종 저녁에 친구도 만났지만, 탁 사원의 상황을 아는 친구들이 먼저 약속을 잡지 않게 되었지. 탁 사원은 일을 빨리 배우는 건 좋지만, 계속 이렇게 일하다 보면 번아웃 될 수도 있어. 너라면 어떻게 하겠니?

같은 시기에 입사한 옆 팀 이 사원의 팀장도 업무성과로 압박을 많이 받고 있었어. 실적을 올리려고 이 사원에게 지시한 일도 많았지. 하지만 이 사원은 매일 야근하지는 않았어. 개인 약속이 있을 때면 팀장에게 양해를 구해서 업무를 미리 조율한 거야. 약속이 있을 땐 다음 날 아침에 일찍 출근해서 일하거나 그도 여의치 않으면 팀장이 일 처리를 도와주기도 했지. 탁 사원과 이 사원의 차이는 자신의 상황을 팀장에게 전달했는지의 여부였어. 탁 사원은 일을 거절하지 않고 모두 받았고, 이 사원은 완곡하게 거절한 거야.

성공이라는 꽃은 거절이라는 바람을 견디며 커. 직장생활 중 지혜롭게 거절하는 건 필수야. 일 잘하는 사람들을 보면 거절에 능해. 거절하는 법을 활용해야 할 일은 생각보다 자주 생겨. 거절할 땐 방어적으로 굴거나 여지를 남기지 않고 적극적으로 표현하면 좋겠어. 거절할 때 느끼는 불편한 감정을 의식적으로 배워갔으면 해. 다만, 표현은 되도록 공손하게 하고 말이야. 상대방의 감정을 배려해서 세련되게 거절해야 하니까.

세련되게 거절하는 5가지 기술: SHAKE

- "스트레스가 많겠어요."

  공감(Sympathy)하며 경청하고, 숨은 요구(Hidden interest)를 찾는다.
- "도와드리고 싶은데 어떡하죠?"

  매몰차게 거절하지 말고, 질문(Ask)을 통해 상대의 답을 유도한다.
- "하필 오늘 친한 친구 아기 돌잔치가 있어서요."

  거절의 이유를 친절(Kindness)하게 설명한다.
- "제가 내일 일찍 출근해서 처리해드리면 안 될까요?"

  효과적 대안(Effective solution)을 찾는다.
- "한 번 생각해 볼게요."

  시간을 두고 사려 깊게 노력(Effort)하는 모습을 보인다.

원하는 것을 얻는 요청의 기술

업무를 빨리 배우고 싶어 하는 욕심 많은 선 사원이 있었어. 업무도 만만치 않은데 교육컨설팅 분야에 소명의식도 강해서 저녁에는 교육대학원까지 다니며 전문지식을 쌓았지. 뭐든 배우려는 그에게 선배들은 이렇게 조언했어. "일을 빨리 배우고 싶으면 무조건 김 수석만 붙들면 돼." 그때부터 김 사원은 일하다 궁금한 점이 생기거나 아이디어가 필요하면 주저 없이 김 수석에게 달려갔어. 김 수석은 가르치는 걸 그다지 즐기는 편이 아니었지만, 열정적인 김 사원이 기특해 자신의 노하우를 알려줬지. 김 사원은 작은 프로젝트는 혼자서도 곧잘 할 만큼 금방 성장했어. 후배직원의 요청을 귀찮게 여기는 선배가 얼마나 될까? 오히려 선배에겐 기분 좋고 고마운 일이야.

'착한 사람 콤플렉스' 때문에 자신의 의사를 밝히거나 거절을 못 하는 사람들이 적지 않아. 하지만 요청은 문제해결의 효과적인 처방 약이라는 걸 기억해. 직장생활 초기에는 경험이 부족하니까 혼자서는 역부족인 일이 많지. 선배들은 그걸 잘 아니까 기꺼이 후배를 돕고 싶어 해. 오히려 요청하지 않고 혼자 끙끙대는 후배를 이상하게 생각할지도 몰라. 거절을 당하더라도 개의치 말고 요청해봐. 때론 끈질기게 요청할 필요가 있어. 선배직원에게 근성 있는 모습으로 비칠 수 있거든. 도움이 필요한 상황이 되면 주저하지 말고 누군가에게 도움을 청하길 바라.

> 바보 같은 짓으로 보일 수도 있겠지만 이 일은 너무나 중요하다. 사업이든 인생이든 기어코 성공하고 싶다면 당신은 늘 사람들에게 뭔가를 부탁해야만 하고, 늘 무리한 일을 시도하면서 살아야 한다.
>
> – 노아 케이건(Noah Kagan)

직장인의 5가지 요청의 기술: ReQuEST

- 간절히 원하면 통한다(Retry).

  상대가 좀 귀찮게 느끼더라도 몇 번이고 요청한다.

- 지레짐작하지 말고 일단 물어본다(Question).

  요청하는 것을 머뭇거리지 않는다. 거절을 두려워할 것 없다.

- 요청의 근거를 명확하게 제시한다(Evidence).

  구체적으로 도움받고자 하는 내용을 전달한다.

- 작은 것부터 요청한다(Small).

  먼저 고민하고 나서 도움이 필요한 부분을 찾아 작은 것부터 요청한다.

- 꼭 감사의 마음을 전한다(Thanks).

  요청을 들어준 사람은 그 순간 자신의 시간뿐 아니라 정성을 쏟아준 것이다.

컴퓨터 켜기 전에 노트부터 펼치기

아빠가 만난 일 잘하는 사람들이 공통으로 보이는 행동특성이 있었어. 일이 맡겨지면 막무가내로 덤비는 게 아니라 먼저 자기 생각을 노트에 정리한다는 거야. 머릿속에 떠오르는 생각을 그림 그리듯 구조화하는 거지. 납기가 촉박하고 어려운 과제일수록 이 방법은 효과가 커. 업무에 대한 배경 지식이 전혀 없는 신입사원이 익히면 좋은 습관이야. 신입사원 때는 조직문화도 낯설고, 외워야 할 용어와 이름도 많고, 업무 지시도 제대로 파악이 안 되고 답답한 게 한둘이 아니지. 그럴수록 이 방법을 익히면 쓸모가 많아.

급하고 시간이 필요한 업무일수록 컴퓨터부터 켜지 말고 노트를 먼저 펼쳐서 '제로 드래프트(Zero draft)[17]'를 만들어봐. 백지 위에 내 생각을 정리하면서 업무를 계획하는 거야. 육하원칙에 맞춰 해야 할 일의 큰 그림을 백지에 그려보는 거지. 일에 따라 다를 수 있지만 3~5시간은 필요할 거야. 목적, 콘셉트, 마감일, 아웃풋 이미지 등을 정리해 선배직원에게 보고하면 효율적으로 업무를 수행할 수 있어.

인사부서에 입사했다고 가정하여 예를 들어볼까. 채용시

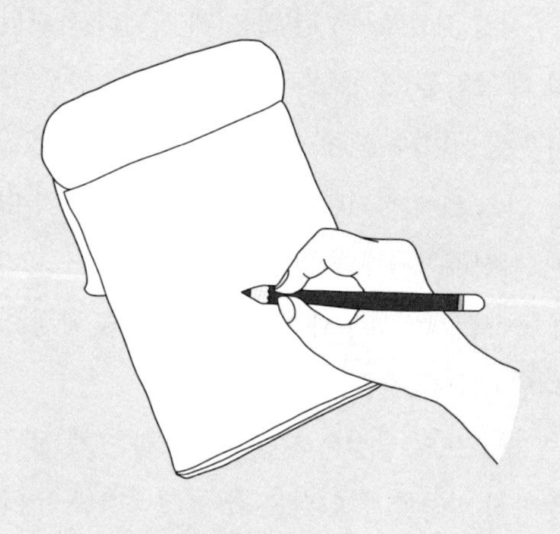

급하고 시간이 필요한 업무일수록
컴퓨터부터 켜지 말고 노트를 먼저
펼쳐서 '제로 드래프트(Zero draft)'를
만들어봐. 백지 위에 내 생각을
정리하면서 업무를 계획하는 거야.

즌을 몇 달 앞두고 선배직원이 이런 업무지시를 하는 거야. "김 사원, 대학생을 대상으로 우리 회사 이미지를 개선할 방안을 고민해봐!" 우선 방해받지 않고 그 업무만 몰입할 시간을 확보해야 해. 무작정 자료조사부터 하는 게 아니라 육하원칙에 따라 업무의 큰 그림을 그려보는 거야. 지시받은 업무의 목적, 예상되는 아웃풋 이미지, 관련 자료의 위치, 업무 일정, 도움받을 사람 등을 빈 노트에 적거나 그려. 제로 드래프트가 다 만들어졌다 싶으면 선배직원에게 찾아가 확인을 받아. 그리고 최종 결과물에 들어갈 핵심요소와 아웃풋 이미지를 확정하는 게 중요해. 아니면 괜한 삽질을 할 수도 있지.

제로 드래프트의 장점은 시간을 절약하는 건 물론, 상사의 의도를 정확히 파악할 수 있다는 거야. 그러면 초안(Draft)을 만드는 작업이 쉬워지고, 무엇보다 생산성 높게 일할 수 있게 된단다. 아빠도 일을 시작할 때면 하얀 무선 노트에 제로 드래프트를 그리며 업무 전반에 대해 고민하는 시간을 가졌어. 기록만큼 좋은 업무습관은 없어. 기억력을 믿지 말고 기록을 더 믿어야 해. 노트가 한 권씩 늘 때마다 업무 능력도 노트의 두께만큼 성장할 테니까.

딸아, 떠오르는 생각을 눈에 보이게 정리하는 습관을 지니면 업무의 성과는 물론 자신감도 얻을 수 있을 거야.

제로 드래프트(Zero Draft)의 요소

- Why: 왜 이 일을 해야 하는지 일을 시킨 사람의 의중 파악하기

  ex) 업무 목적 및 방향, 애매하거나 필요한 것 요청

- What: 꼭 해야 할 일이 무엇인지 우선순위 정하기

  ex) 핵심 업무(요소) 파악, 아웃풋 이미지 명확화, 업무가 많으면 제거 요청

- How: 어떻게 하는 것이 생산적일지 고민하기

  ex) 업무 순서, 업무 방법, 업무 생산성 도구

- Where: 자료와 정보는 어디에 있는지 찾기

  ex) 관련 자료의 위치(공유 폴더)

- Who: 누구의 도움을 받을지 가장 잘 아는 사람이 누구인지 파악하기

  ex) 업무 멘토

- When: 언제까지 할지 마감 시한 정하기

  ex) 중간보고, 최종보고 시점 등 시간 계획

선배가 묻기 전에 먼저 보고할 줄 아는 사람

처음 일을 할 때는 순간순간 고민되는 일이 많을 거야. 꿈꿔왔던 조직의 모습과 실제의 괴리가 크게 느껴질 수 있지. 아빠도 그랬는데 어쩌면 지금이 더 심할지도 모르겠다. 모르는 것이 많아 궁금한 점이 많을 거야. 일단 궁금한 점은 잘 메모해두었다가 기회를 봐서 선배직원에게 한꺼번에 물으면 좋아. 너무 자주 물어서 자칫 '물음표 살인마(질문만 해대는 신입사원)' 내지는 '쩜쩜쩜 살인마(혼자만 끙끙대는 신입사원)'가 되지는 말고. 일 잘하는 사람들의 공통점 중 하나는 자신이 하는 일이 어떻게 진행되는지 일을 시킨 선배직원이 잘 알도록 한다는 거야. 한 마디로 중간보고를 잘한다는 말이지.

먼저 선배직원이 원하는 업무의 결과물과 요구 수준을 명확히 확인해야 해. 그것에 맞게 업무가 진행되는지 중간 상황을 알려주고 말이야. 선배직원은 자신이 시킨 일이 어떻게 진행되고 있는지 늘 궁금해하거든. 중요한 일이면 더 조바심이 나지. 선배 입장에서는 중간보고를 잘하는 직원이 기특해 보이게 마련이야. 아빠의 경험으론 이런 직원이 대개 고성과자였어. 그들은 공통으로 선배직원의 마음을 잘 헤아린다는 거야. 선배가 확인하기 전에 미리 그가 알도록 해주면 불안을 덜어주고 믿음을 줄 수 있어. 염두에 둘 점은 애매한 부분은 넘겨짚지 말고 메모해 두었다가 꼭 물어서 확인하라는 거야. 그래야 예기치 않은 재앙을 피할 수 있어.

함께 일했던 양 사원은 중간보고의 달인이었어. 식사하거나 차 마시는 시간에 일하면서 궁금한 점을 물었고 그때 업무의 지시 의도를 파악하기도 하고 아이디어도 구하면서 말이야. 업무를 맡긴 선배 입장에서는 자연스럽게 그의 업무 상황을 확인할 수 있었지. 진척 상황이 눈에 보이니까 시의적절하게 도울 수 있었고, 결과물이 나쁘게 나올까 봐 불안해할 필요가 없었어. 과제를 수행하는 과정은 미로 통과하기에 비유할 수 있지. 자신의 현재 위치를 알려주고, 올바른 방향으로 가고 있는지 중간중간 선배에게 물으면 길을 덜 헤매겠지. 신입사원에게 모든 업무가 낯선 미로 같지만, 선배들은 그 미로를 여러 번 경험했기 때문에 더 높은 시야에서 볼 수 있으니까.

업무는 결과만큼이나 과정이 중요해. 미로에 숨지 말고 중간보고로 현재 위치를 알리면 좋아. 혹시 길을 잘못 들어섰으면 빨리 바로 잡을 수 있으니까. 유능한 선배도 처음부터 미로를 다 설명해 줄 수는 없어. 어느 정도는 직접 경험하면서 배울 수밖에 없지. 벽을 만날 때마다 도움을 구하는 과정에서 미로를 지나는 법을 차츰 터득하게 돼.

딸아, 업무의 미로를 슬기롭게 지나가기 위해 적절하게 중간보고하는 걸 기억해둬.

보고 시 놓치지 말아야 할 5가지

- 보고체계를 지킨다.
  부서장이나 임원이 직접 지시한 사항이라도 대리, 과장, 차장, 부장 순으로 보고해야 안전하다. 질서를 따르면 아이디어도 풍성해지고 선배에게 좋은 인상을 줄 수도 있다.
- 자기완결의 원칙을 지킨다.
  적극적으로 의견을 구하되 업무는 스스로 마무리한다.
- 데드라인을 지킨다.
  지시받은 업무는 기한 내에 마무리한다. 납기 준수가 힘든 상황이면 상황을 미리 공유하여 조율한다.
- 두괄식으로 보고한다.
  "그래서 핵심이 뭔데?"라는 질문에 대비해 전달하고자 하는 메시지를 한 문장, 한 문단, 한 페이지로 요약한다.
- 고객 중심으로 보고한다.
  하고 싶은 얘기가 아니라 듣고 싶어 하는 것을 중심으로 보고한다.

업무역량을 보여주는 이메일 작성 기술

야무지게 일 처리를 잘하는 전 사원이 있었어. 고객에게 문서를 보낼 시간이 다가오자 책임자인 양 팀장에게 독촉 메일을 보냈지. 양 팀장의 선배직원인 안 이사를 수신 참조로 넣어서 말이야. 양 팀장 입장에서는 신경 써서 챙기고 있었는데 상급자인 안 이사에게 진도가 늦었다는 인상을 주는 것 같아 마음이 불편했어. 전 사원은 안 이사를 수신 참조에 넣지 않는 편이 더 지혜로웠던 거야. 문서의 진도가 궁금하면 양 팀장에게 찾아가서 "뭐 도와드릴 일 없어요?"라고 묻는 게 훨씬 효과적이었을 텐데 말이야.

후배들 일하는 모습을 보면서 선배들끼리 하는 얘기가 있어. 메일을 보낼 때 수신 참조를 누구로 하는지만 봐도 일을 잘하는지 알 수 있다는 거야. 업무 상황에 따라 수신자와 시점을 융통성 있게 바꿔야 해. 일의 맥락에 따라 이해관계자의 입장을 고려하면서 말이야. 질문하지 않는 이상 선배직원이 이런 것까지 일일이 가르쳐 주지는 않아. 스스로 상황 판단을 하고 직감과 눈치를 발휘해야 해.

이메일은 텍스트로만 의사를 전달하는 거라서 더 주의해야 해. 단어 하나, 문장 하나로 오해가 생길 수도 있거든. 이메일을 작성하면서 어떻게 표현해야 하나 고민될 때가 있을 거야. 너무 걱정하진 마. 다음의 몇 가지 팁과 예시만 잘 기억해도 도움이 될 거야.

좋은 인상을 주고 신뢰감을 높이는 이메일 소통 요령

- 가능하면 직접 만나서 얘기하는 게 효과적일 수 있다.
  메일은 증거를 남기고 대화는 신뢰를 남긴다.
- 목차(꼭지)만 잘 잡아도 절반 이상은 성공이다.
  전달하고자 하는 내용을 3~5가지로 목차와 함께 일목요연하게 정리한다.
- 수신 참조에 신경 쓴다.
  수신자를 배려하면서 사려 깊게 판단해야 한다. 애매하면 넘겨짚지 말고 확인한다.
- 메일 전송 후 확인 메시지를 보낸다.
  선배가 메일을 확인하기 전까지는 보낸 게 아니라고 생각하는 편이 안전하다.
- 진척 상황을 공유한다.
  메일을 기다리는 사람을 배려해 진행 상황을 알리면 신뢰감을 줄 수 있다.
- 신속하게 답장한다.
  되도록 답장은 하루를 넘기지 않아야 한다.
- 상황에 맞게 시작과 끝 인사는 감성적으로 한다.
  이메일에도 작성자의 감정이 전달된다. 이왕이면 호감 가는 인상을 남긴다.

이메일 예시

받는 사람	김시환 사원, 이채율 대리, 정민환 과장, 박채린 팀장
참조	데이비드 허 경영지원본부장
제목	[중요] 10/16(화) '20**년 일하는 방식 개선 프로젝트' 회의 안내

안녕하세요. 정라엘 사원입니다.
창립 기념일에 잘 쉬셨나요? 감기 환자가 많은데요. 모두 감기 조심하세요.
금주 시작하는 '20**년 일하는 방식 개선 프로젝트' 관련하여 팀 회의 공지드립니다.

1. 일시: 20**년 10월 17일(수) 오후 1~2시
2. 장소: 본관 5층 Challenge룸(예약 완료)
3. 안건: 일하는 방식 개선 프로젝트 방향, 일정 및 추진계획 협의, 역할 배분
   ※ '20년 사내 일하는 방식 프로젝트 방향성' 정독 후 회의 참석**
4. 대상: 조직문화팀 전원(총 5명, 도진환 대리는 배우자 출산휴가 중)

일하는 방식 관련 전략회의 자료를 첨부했습니다. 궁금하신 점은 회신해 주시기 바랍니다.

감사합니다.

정라엘 드림

첨부파일	전략회의 결과_20**년 일하는 방식 개선 방향성_20**0917.pptx
서명	(주)다윗의물맷돌 경영지원본부 조직문화팀 정라엘 사원 홈페이지: http://www.davidslingnstone.com 이메일: raeljung@davidslingnstone.com FAX: 02-567-XXXX 휴대전화: 010-1234-XXXX 사무실: 02-567-XXXX(내선 022)

한 우물만 깊게 파면 우물이 무덤 될 수 있다

큰 성공을 거둔 사람들을 보라. 그들은 창업가이자 투자자이자 작가이자 크리에이터이자 아티스트다. 한 우물을 판 사람이 아니라는 뜻이다.[18]

- 팀 페리스《타이탄의 도구들》중

"무슨 일을 해야 행복할까?" 직장인이라면 누구나 자신에게 던져봤을 법한 질문이야. 취업이 최우선이었던 신입사원에게는 더욱 그래. 최 사원은 입사한 지 얼마 안 돼 업무에 대한 고민이 생겼어. 자신에게 맞는 업무인지부터 무슨 일을 해야 행복할지까지 말이야. 근데 그는 무엇을 좋아하고 잘할 수 있는지 모르고 하던 일을 계속하고 있는 거야.

최 사원 같은 신입사원을 볼 때마다 안타까웠어. 직업을 우물 파는 일에 비유하면 내가 좋아하는 곳보다 남들이 좋다고 하는 곳을 파는 경우가 많거든. 대부분은 별 계획 없이 처음 파기 시작한 곳을 계속 파게 되는데, 문제는 시간이 지날수록 다른 곳을 파는 게 두려워져서 안주하게 된다는 거야.

하지만 우물을 깊게 파려면 우선 넓게 파야 해. 처음에는 분야를 제한하지 말고, 여러 분야에 관심을 가졌으면 해. 하다가 쉽게 포기하라는 얘기는 아니야. 누구든 시간과 역량의 한계가 있으니, 다양한 분야의 업무와 사람들을 만나는 걸 추천해. 여러 분야를 간접 체험할 수 있으니까.

> 가야금 명인 황병기 선생이 첼로 연주가인 장한나 양에게 덕담하신 내용의 기사가 있습니다. 거기서 선생님이 장한나 양의 국악에 대한 이해력을 칭찬하면서 옛말에 이런 게 있다며 말씀하십니다.
> "우물을 깊게 파려면 우선 넓게 파라."
> 정말 기막힌 말 아닙니까? 깊이 파려면 일단 어느 정도는 넓게 파야겠죠. 삽질할 공간은 확보해야 하니까요.[19]
> – 최재천《창의융합 콘서트》중

내게 잘 맞는 직업을 발견하려면 시간이 필요하지. 깊게 팔 만한 내 직업을 찾기 위해선 젊을 때 삽질을 할 각오를 해야 해. 앞으로 살아갈 세상은 한 우물만 파면 위험할 수 있어. 그 우물이 마르거나 어느 순간 사라질 수 있으니까. 옥스퍼드대 마이클 오스본 교수는 〈고용의 미래〉라는 보고서에서 "20년 이내에 47%의 직장이 사라진다"라고 예측했어. 선견지명을 가지고 우물을 여러 개 팔 각오를 해야 해. 심리학자, 교육 코디네이터처럼 반복적이지 않으면서 사람을 마주하는 일을 했으면 좋겠어. 이런 일은 시대가 변해도 계속 남아있을 직업일 거라고 하니까.

인간의 평균 수명은 급속도로 증가하고 있지만, 조직의 평균 존속 기간은 감소하고 있어. 기술의 변화가 빠르고 경쟁이 증가할수록 조직의 존속기간은 계속 단축될 게 분명해. 이젠 근무하는 조직이 안전지대가 아니라 편안한 감옥이 될 수도 있어. 변화하는 시대에 맞춰 새로운 기술을 배우고 새로운 경력을 쌓아야 해. 편안하고 익숙한 현실에 안주하지 않고 너만의 새로운 우물을 찾기 위해 힘쓰렴.

4 목표 Purpose

방향 잡기가 먼저다

첫인상이 중요하듯 처음 90일이 중요해

첫인상이 만들어지는 건 찰나지만, 잘못된 첫인상을 바꾸는 데는 몇 개월 몇 년이 걸릴 수도 있어. 직장인에게 첫인상은 중요한 경쟁력이야. 직장생활을 막 시작하는 신입사원에게는 두말할 것 없지. 첫인상이 쉽게 바뀌지 않는 걸 '첫머리 효과(Primacy Effect)'라고 하잖아. 첫인상이 좋으면, 실수해도 긍정적으로 보아 넘기는 '일관성 오류의 법칙'이 직장에서는 흔하게 발생해. 그도 그럴 게 사람은 상대방을 볼 때 순간적으로 판단하고 끝내려는 인지적인 구두쇠(Cognitive Miser) 경향이 강하니까.

하지만 첫인상이 다는 아니야. 좋은 첫인상이 역효과를 낼 때도 종종 있어. 더 중요한 건 지속성이야. 한 취업포털에서 조사한 바에 따르면 신입사원이 회사에 적응하기까지 3개월(46.9%)이 걸려. 이 시기에 얻는 평판은 직장생활에 꽤 영향을 주지. 설령 첫인상이 좋지 않았어도 3개월간 만회할 수 있다는 얘기야. 입사 후 처음 90일 동안 좋은 인상을 남기기 위해 노력해보는 건 어떨까? 이후 직장생활이 더 편하도록 말이야. 출근

입사 후 처음 90일 동안 좋은 인상을
남기기 위해 노력해보는 건 어떨까?
이후 직장생활이 더 편하도록 말이야.

후 한동안 사람과 문화가 적응이 안 되더라도 긴장할 것 없어. 직장도 사람 사는 곳이어서 별반 다를 게 없거든. 있는 모습 그대로 자연스럽게 행동하면서 돼. 신뢰는 강요해서 얻을 수 있는 게 아니잖아? 신뢰는 통장 같아서 작은 행동을 하나하나 저축하듯 쌓는 거니까.

90일 안에 가장 먼저 해야 할 일은 조직의 규칙과 언어에 빨리 익숙해지는 거야. 무엇보다 듣기, 말하기, 쓰기 세 가지가 필수적이지. 우선 듣기가 가장 중요해. 새로운 환경에 최대한 귀를 크게 열어 두어야 해. 메모는 필수야. 노트와 필기구는 꼭 챙기고. 여의치 않을 때는 스마트폰 앱을 활용해도 좋아. 다음으로 말하기인데, 말할 기회가 되면 자신감을 가지고 소신껏 얘기하되 겸손함을 유지하는 게 좋아. 궁금한 점이 있거나 지시사항이 애매하면 꼭 물어서 확인하는 습관을 들여. 질문하는 걸 주저하거나 두려워하지 마. 공자도 불치하문(不恥下問, 아랫사람에게 묻는 것을 부끄러워하지 않는다)을 강조했어. 타인에게 묻는 것은 누구든지 부끄러워할 일이 아니니까. 마지막으로 쓰기인데, 이메일, 보고서 등 직장에서는 커뮤니케이션이 대부분 문서로 이뤄져. 글쓰기가 필수 역량이라는 점을 꼭 염두에 두면 좋겠어. 평소 비판적으로 책을 읽고 내 생각을 정리하고 표현하는 습관을 지니면 도움이 많이 될 거야.

입사 후 90일 안에 승부를 걸어본다는 생각으로 일하는 건 어떨까?

나만의 원칙 지키기

주변 지인들에게 축하를 받으며 기대에 부풀어 첫 출근한 김 사원. 어떻게 하루를 보낸 건지 모르게 다양한 일들로 하루가 마치 한 달처럼 느껴졌어. 그런데 퇴근할 무렵 팀장이 팀원들에게 회식을 하자는 거야. 사실 2주 전에 신입사원이 입사하면 당일 저녁에 팀 회식을 한다고 팀원들에게 미리 공지되었거든. 김 사원은 고마운 마음이었지만, 대학 때도 술을 거의 마시지 않았기 때문에 걱정이 됐어. 자신을 위해 마련한 회식에서 어떻게 술을 거절해야 하나 하고 말이야. 네가 김 사원이라면 어떻게 하겠니?

음주가 일상인 조직에 김 사원처럼 술 마시는 게 젬병인 사람이 입사했다면 어떻게 해야 할까? 직장인들이 많이 하는 고민 중 하나일 거야. 나만의 원칙이 명확하다면 이 고민을 덜 하거나 안 할 수도 있지.

아빠가 오랫동안 지켜온 몇 가지 원칙 중 하나가 술을 안 마신다는 거였어. 쉽지는 않았지만 그걸 철칙처럼 지켰단다. 직장에서뿐만 아니라 동호회, 동문이나 동창 모임 등 술자리가 있는 곳이면 마찬가지였어. 직장생활 초기에 그 프레임을 내가 만드는 게 중요해. 처음이 좀 힘들 뿐 적응되면 어렵지 않았어.

김 사원은 그 회식 자리에서 선배들이 권하는 술을 진탕 마시고 첫날부터 새벽 늦게 귀가했어. 다음 날 아침 김 사원은 간신히 일어나 겨우 시간에 맞춰 출근했지. 근데 선배들은 아무렇지도 않게 이미 출근해 있는 거야. 김 사원은 속으로 이렇게 생각했을지도 몰라. '앞으로 이런 생활을 계속 버텨내야 하는 건가?' '내가 이러려고 학창시절을 투자했나?' 만감이 교차하지 않았을까 싶어. 출근 첫날부터 그가 겪은 직장은 정말 만만치 않았겠지. 술을 거절하는 것처럼 직장생활을 하다 보면 크고 작은 의사결정의 상황을 마주하게 돼. 흔들리지 않는 나만의 원칙을 정하고 행동하면 직장생활을 더 지혜롭게 할 수 있지 않을까? 그럼 상황에 휘둘리거나 후회하는 일이 적어질 테니까.

술을 거절하는 생각보다 쉬운 방법

- 1단계. 명확한 이유와 함께 술을 거절한다.
  술을 안 마시는 이유(건강, 신념 등)를 분명히 설명한다.
- 2단계. 안 마시더라도 술잔은 채워놓고 건배까지는 한다.
  어색해도 멋진 건배사 몇 개는 센스 있게 준비해둔다.
- 3단계. 술을 마시지 않는다.
  특히 지위와 권위에 굴복하지 않는다.

나만의 가치관 세우기

어느 날 밤 세 명의 유령이 차례로 스크루지의 꿈에 찾아와 그의 과거, 현재, 미래의 모습을 생생하게 보여줘. 끔찍한 자신의 모습을 본 악몽에서 깬 스크루지는 운명을 바꿀 시간이 아직 남아 있음을 깨닫고 행동을 180도 바꾸게 돼. 주변 사람에게 어리석었던 자신의 잘못을 뉘우치고 용서를 구하는가 하면, 자선 활동도 하며 가난한 사람을 위해 큰돈을 기부하기도 해. 가치관이 바뀌면서 인생이 달라진 거야.

찰스 디킨스의 소설《크리스마스 캐럴》에 나오는 스크루지 영감 이야기는 워낙 유명하니까 너도 알 거야. 이 소설은 가치관이 얼마나 중요한지 깨닫게 해. 사실 스크루지는 유령을 만나기 전이나 후나 똑같이 돈을 중요하게 생각했어. 하지만 지향점이 달라졌지. 악착같이 돈을 모으기보다 돈을 의미 있게 쓰기로 바뀐 거야. 스크루지의 가치는 돈이었지만, 그의 미션과 비전은 돈을 의미 있게 쓰는 거였어. 가치관이 명확하면 인생이 더욱 또렷해지고, 가는 길에 대해 확신이 서고, 의사결정도 신속해지게 마련이야. 그럼 제일 나은 선택이 가능해지고 그만큼 최고의 경험을 할 확률이 높아져. 설령 일이 잘 안 풀려도 실패에서 교훈을 얻고 다시 일어설 힘이 생기고 말이야. 세상에 무의미한 실패란 없어. 실패는 성공을 위한 거름이어서 잘 발효되면 더 큰 성공의 자양분이 되니까. 그 거름으로 곧 한 송이 장미꽃을 피워낼 수 있을 거야.

조직을 배에 비유해 볼게. 배가 항구를 떠나 항해하는 궁극적인 이유가 '미션(Mission)'이고, 가고자 하는 목적지나 방향이 '비전(Vision)'이야. 어떻게 갈 것인지가 '핵심가치(Core Value)'지. 핵심가치는 리더들이 의사결정을 하고 구성원들이 일하는 기준이 되는 거야. 배에 탔다는 건 조직의 미션, 비전, 핵심가치를 함께 해야 한다는 얘기지. 명심해야 할 게 있어. 조직의 가치만큼 중요한 게 나의 미션, 비전, 핵심가치야.

연구에 따르면 개인의 가치관이 명확한 사람은 조직의 가치관을 잘 따를 확률이 높대.[20] 지금 당장 꿈을 한번 적어보는 건 어떨까? 미래에 대한 예언이 될 거야. 아빠도 군대 가기 전에 《20대에 해야 할 50가지》를 읽고, 50개의 버킷리스트를 적은 적이 있어. 우연히 20여 년이 지나서 발견했을 때 깜짝 놀랐지. 꽤 많은 것을 이뤘을 뿐 아니라, 20년이 흘렀어도 그때의 생각이 지금도 크게 변함이 없는 거야. 정말 신기하지? 가치관이 명확한 젊은 후배들을 보면 그들은 공통으로 자신감이 넘치고 어떤 상황에 부화뇌동하지 않더라고. 딸아, 나만의 미션, 비전, 핵심가치를 만드는 시간을 꼭 가졌으면 해.

미션 예시

나는 나보다 못한 사람을 돕기 위해 산다.

핵심가치 예시

1. 열정: 초심을 잃지 않고 매 순간 최선을 다한다.

2. 즐거움: 지금 죽어도 후회 없이 즐기며 산다.

3. 기여: 어디서든 꼭 필요한 사람이 된다.

2018년 미국 프로야구 메이저리그에 입성한 일본인 야구 선수 오타니 쇼헤이는 젊은 나이인데도 명확한 비전을 정하고 실천하는 선수란다. 그가 고교 1학년 때 '8개 구단 드래프트 1순위'라는 목표를 이루기 위해 만든 만다라트(Mandala-Art)를 참고할 만해. 인성에 대한 목표까지 디테일하게 세워서 실천한 게 인상적이었어. 메이저리그 진출 후에 오타니가 세운 연령별 목표[21]도 화제가 됐지. 이런 도구를 활용하여 인생 목표를 정리해 눈에 잘 띄는 곳에 두고 실천하면 어떨까. 아빠도 그렇게 했는데 도움이 많이 됐어.

비전 예시

18세-MLB 구단 입단, 19세-영어 통달, 마이너리그 트리플A 입성, 20세-메이저리그 승격, 연봉 1천300만 달러, 21세 - 선발진 합류, 16승 달성, 22세-사이영상 수상, 23세-월드베이스볼클래식(WBC) 일본 대표, 24세-노히트 노런 달성, 25승 수확, 25세-세계 최고 광속구 시속 175㎞ 달성, 26세-월드시리즈(WS) 우승과 함께 결혼, 27세-WBC 일본 대표, 리그 최우수선수(MVP), 28세-첫아들 태어남, 29세-두 번째 노히트 노런 달성, 30세-일본인 투수 통산 최다승 달성, 31세-첫째 딸 태어남, 32세-두 번째 WS 우승, 33세-둘째 아들 태어남, 34세-세 번째 WS 우승, 35세-WBC 일본 대표, 36세-탈삼진 신기록, 37세-장남 야구 시작, 38세-성적 하락, 은퇴 고려 시작, 39~40세에 은퇴 선언, 40세-마지막 경기에서 노히트 노런 달성, 41세-일본 귀국, 42세-미국 야구시스템 일본에 소개

'만다라트'로 만든 비전 예시

교회 출석	명상 멘토	아침 명상	나만의 인생원칙	인생 미션과 비전	인생의 롤 모델	여행 사진작가	여행 종합계획	여행 자금계획
종교 공동체활동	영성	이미지 트레이닝	나의 핵심가치	인생 비전	인생 멘토 만들기	테마 가족여행	여행	여행 유튜브 크리에이터
종교서적 읽기	명상 공부	취침 전 명상	버킷 리스트	미래 이력서	만다라트	해외 봉사활동	국내 테마여행	친구와 해외여행
감사 일기	친절/배려 /관대하기	주는 자 되기 (Giver)	영성	인생 비전	여행	나의 업무 원칙	나만의 업무 루틴	업무 롤모델
인맥 챙기기 (Weak Ties)	대인관계	기부하기 (정기적)	대인관계	허채율의 만다라트	업무	20분 일찍 출근	업무	업무 노트 (업무 일기)
인생 친구 만들기	명함 관리하기	적 만들지 않기	가족/건강	자기개발	습관	업무관련 독서(1권/주)	빠른 업무 적응	업무관련 자격증
규칙적 식사/수면	매력적인 몸매 가꾸기	스트레스 줄이기	심리 치료 /상담 공부	비즈니스 영어회화	평생 재무 계획	긍정적/ 적극적 사고	아침 루틴 만들기	미루지 않기
평생운동 갖기 (나만의 종목)	가족/건강	주말에 가족과 함께하기	평생 독서 계획	자기개발	평생 취미 갖기	일/주간 계획	습관	스마트기기 다이어트
가족 취미 (앙상블)	가족 버킷 리스트	효도하기	동영상 학습 (TED 등)	나만의 관심영역	글쓰기 (블로그 포스팅)	나만의 공간	정리/정돈	호감형 언어 습관

조직의 가치관과 나의 가치관 연결

최근에 컨설팅 회사에 입사 지원을 한 지원자를 만난 적이 있어. 회사 대표의 요청으로 그 지원자를 인터뷰했는데 짧은 시간이었지만 지원자의 포부와 태도에 감명을 받았지. "열심히 하겠습니다"라며 의지와 열정을 강조하는 다른 지원자와 달리 직무에 대한 비전이 명확했거든. 그의 비전은 뚜렷한 목적 없이 고민하는 후배들에게 코칭을 통해 꿈을 찾는 일을 도와주는 거였어. 대표 또한 별 기대 없이 그 신입사원을 인터뷰했는데, 그의 가치관에 매료된 거야. 당장 능숙하게 업무를 처리할 경력사원을 채용하려던 계획을 바꿔 그 지원자를 채용하기로 했어. 무엇보다 회사 대표가 마음에 들어 한 이유는 "개인과 조직이 더 중요한 일을 할 수 있도록 돕는다"라는 회사의 미션에 부합하는 인재였다는 거야.

딸아, 조직의 구성원이 됐다는 건 이제 회사의 가치관을 함께 한다는 의미이기도 해. 사례에 등장하는 지원자처럼 운 좋게 개인과 조직의 가치관이 비슷하게 일치할 수도 있지만 그런 경우는 드물 거야. 하지만 조직의 성과와 팀워크를 위해 조직의 가치관에도 관심을 가져야 해. 조직에 적응하기도 바쁜

내 가치를 조직의 가치와 100% 한
방향으로 정렬할 수는 없어도 접점을
찾으려는 노력 자체만으로 의미가 있어.

신입사원 처지에서는 너무 먼 얘기처럼 들릴 수도 있어. 그래도 일단 기억해두렴. 언젠가 문득 떠올리고 적용할 때가 생길 테니.

추천하고 싶은 건 나와 조직의 방향과 가치를 정렬하는 거야. 좀 어렵니? 아빠의 예를 들어볼게. 아빠가 다녔던 회사의 7개 핵심가치 중에는 '전문성을 위한 지속적인 학습' '업무품질에 대한 집착' '개인보다는 팀'이라는 게 있었어. 아빠가 일하던 팀의 핵심가치는 '전문성' '팀워크'였고, 아빠 개인의 가치는 '전문성' '신앙' '정의' '근성' 등이었지. 전문성이라는 공통점을 찾은 아빠는 개인의 전문성을 쌓기 위해 최선을 다해 일했지. 그게 팀과 조직을 위한 것이기도 했어. 나의 가치를 찾고, 조직의 가치를 이해하고, 나와 조직의 가치에서 공통분모를 찾아봐. 내 가치를 조직의 가치와 100% 한 방향으로 정렬할 수는 없어도 접점을 찾으려는 노력 자체만으로 의미가 있어.

미래 이력서 업데이트

국비 장학생으로 유학을 하러 간 20대의 한 젊은이가 있었어. 그는 어느 날 국가에 뭔가 기여해야겠다고 마음을 먹었어. 그리고 종이를 꺼내 자신의 인생 여정과 미래 모습을 적기 시작했지. 그 후 43년이 지나서 자전적 소설《50년 후의 약속》에서 당시 작성한 미래 이력서를 회상하며 이렇게 얘기해.

> 나의 미래 이력서에 의하면, 나는 1960년에 박사학위를 받는 것으로 되어 있었다. 비록 1년 늦었지만, 그 비전은 실제로 성취되었다. 나는 34세에 한국 문교부(현 교육부)의 고등교육 국장이 되었으며, 39세 되던 1969년부터 이미 단과대학 학장으로 일하기 시작했다. 그리고 51세에 모 대학교 부총장이 되었고, 54세에는 다른 종합대학의 총장이 되었다. 꿈의 실현은 내가 글로 적은 비전보다 여러 해 앞당겨진 것이다.

이 이야기의 주인공은 34세에 초대 주미 장학관을 지내고 경희대 부총장과 숭실대 이사장을 역임했던 이원설(1930~2007)이라는 분이야.

지인 중에도 비슷한 사례가 있어. 직장 동료였던 황 프로는 자신의 미래 모습을 담은 '비전 보드'를 늘 눈에 잘 띄는 책상 앞에 두고 일했어. 좀 유별난 사람이구나 생각하고 지내다가 한 번은 몇 년째 써온 '10년 다이어리'를 슬쩍 보게 되었지. 그 일기장에는 미래의 인생 목표가 날짜별로 빼곡하게 적혀 있었어. 10년 가까이 지난 지금 그는 대학교수, 작가, 컨설턴트, 강사 등 다양한 직업으로 왕성하게 활동하고 있어.

목표의 스마트(SMART) 원칙이라고 들어본 적이 있니? 목표는 구체적이고(Specific), 측정할 수 있고(Measurable), 달성할 수 있고(Achievable), 결과가 명확하고(Result-oriented), 마감 시한이 있어야(Time-bounded) 해. 목표의 실천을 위해 구체적인 방법으로 '미래 이력서(Future Resume)'를 써보는 걸 추천하고 싶어. 미래 이력서의 장점은 세 가지야.

하나, 경력 관리(Career Management)로 나만의 길을 만들 수 있어. 직장생활을 어떻게 해야 할지 나만의 경력 로드맵이 있으면 직장생활을 더 의미 있게 할 수 있거든. 좋은 선배나 멘토의 의견을 구하면서 계속 보완하고 구체화하면 좋아.

둘, 경험 관리(Experience Management)로 나만의 행복을 그릴 수 있어. 행복을 위해서는 소유보다는 경험에 투자하라고 하잖니? 테마가 있는 여행을 하고, 믿을 수 있는 인맥을 만들면서 경험을 늘리는 거야. 나만의 행복 로드맵을 설계해볼 걸 추천해.

마지막으로, 경쟁력 관리(Competitiveness Management)로 나만의 차별점을 만들 수도 있어. 내가 잘할 수 있는 강점을 고민하면서 나만의 잠재력을 발견하고 성장 로드맵을 관리하는 건 어떨까?

나만의 이력서를 구체적으로 기록하면 꿈에 더 가까이 다가설 수 있을 거야. 인생의 목표는 될 수 있는 한 높게 잡는 게 삶의 지혜야. 인간은 목표를 이루면 성취감을 누리지만 잠깐이거든. 곧 허무함을 느끼거나 방향을 잃게 될 수도 있어. 이걸 내가 할 수 있을까 할 정도로 큰 꿈을 꾸는 거야. 꿈은 클수록 의심은 작을수록 좋아.

나만의 미래 이력서 작성법

- 형식에 구애받지 말고 나만의 양식으로 만든다.
- 가장 나답게 매력 있는 프로필 사진을 넣는다.
- 이루고 싶은 내용과 날짜를 구체적으로 적는다.
- 수시로 업데이트한다.
- 보이는 곳에 둔다.

미래 이력서 예시

	경 력	• 2018. 01. 01~2028. 12. 31 외국계기업 A • 2029 01. 01~2034. 12. 31 외국계기업 B(해외 근무) • 2035 01. 01~2039. 12. 31 국내기업 C • 2040. 01. 01~2048. 12. 31 1인 기업 D • 2049. 01. 01~ 전업 여행작가
	경 험	• 2020. 01. 01~01. 30 라틴아메리카 여행(스페인어 구사) • 2022. 08. 01~08. 20 캐릭터 일러스트 배우기 • 2024. 01. 01~02. 01 북아메리카 여행(자전거 횡단) • 2026. 08. 01~08. 29 유대인 가정 체험 • 2018. 01. 01~2030. 01. 20 아프리카 해외선교(매년) • 2030. 04. 01~06. 30 국내 전국일주 여행(무전여행)
	경쟁력	• 2022. 08. 07 심리학 석사 학위 수여 • 2024. 01. 01 여행 책 첫 출간 • 2025. 11. 30 △△△ 자격증 취득 • 2027. 01. 01 여행 책 두 번째 출간 • 2028. 03. 01 어린이 심리상담 책 첫 출간

잠들기 전 5분 동안 하루, 주말 5분 동안 한 주 계획하기

처음 출근한 직장에서 난생처음 해보는 일에 적응하느라 시간이 어떻게 가는지 모를 거야. 때론 놓친 업무로 당황할 때도 있고. 출근해서부터 업무에 치여 정신없이 보내는 날이 계속되다 보면 금세 지칠 수 있어. 그래서 직장인에게 공통으로 요구되는 중요한 역량 중 하나가 '시간 관리 능력'이야.

시간 관리의 본질은 시간을 내 편으로 만들고 시간에 대한 통제력을 갖는 거야. 아빠가 추천하는 시간 관리 노하우가 있는데, 해야 할 일을 잠들기 전이나 아침 일찍 찬찬히 정리하는 거야. 5분이면 충분해. 잠깐 투자한 5분이 업무 중 5시간 이상의 가치가 될 수 있어. 또 일주일 동안 할 일은 주말에 5분 동안 찬찬히 정리하는 습관을 지니면 좋아.

구체적인 방법 두 가지를 알려줄게. 하나는 '아이젠하워 매트릭스'라는 시간 관리 도구야. 이 도구로 중요도와 긴급도에 따라 일의 우선순위를 정하는 건데, 잘 활용하면 시간에 쫓겨도 평정심이 생겨. 중요한 일을 놓치는 실수는 피할 수 있을 거야. 이 도구는 삶에 적용해도 유용해. 중요하지 않은 건 없애거나 위임하고, 급한 건 놓치지 않고 챙길 수 있으니까. 바쁜 삶도 개선할 수 있거든. 그러면 비전, 인간관계 등 중요한 데 집중할 시간이 생겨. 중요하고 소중한 일을 가장 먼저 하면서 살면 좋겠어.

또 하나는 '주간 계획표'야. 이 도구는 특별한 양식이 있는 건 아니야. 인터넷 검색을 하면 다양한 양식을 찾을 수 있어. 주간 활동을 정리할 수 있는 종이 한 장이면 충분해. 나만의 양식으로 예쁘게 만들어봐. 일주일을 미리 계획하면 '업무에 대한 통제력'이 생겨서 불안한 마음을 한층 덜 수 있을 거야.

아이젠하워 매트릭스 예시

구분	급한 것(Urgent)	덜 급한 것(Not Urgent)
중요한 것 (Important)	1순위(Do: 즉시 처리) ex) 보고서 마감, ○○ 프로젝트	2순위(Decide: 전략적 계획, 실행) ex) 수영, 일기쓰기, 책 읽기
덜 중요한 것 (Not Important)	3순위(Delegate: 축소, 위임) ex) 메일 처리, 고객 전화	4순위(Delete:폐기) ex) 출퇴근 중 스마트폰 보기, 게임

목표가 있으면 얻는 유익이 많아. 파스칼의 〈도박사 논증〉을 적용해 〈목표 불패 검증〉이라는 걸로 설명해 볼게. '김성실'이라는 사람이 있어. 그가 목표 없이 살아도 어쩌다 벼락 성공

을 할 확률은 있지. 하지만, 현 상태를 유지하거나 후회하는 삶이 될 확률이 높아. 반면 목표가 있다면 실현하지 못하더라도 적어도 실패를 통해 배울 수 있고 작은 성공을 이룰 수도 있어. 목표를 이룬다면 금상첨화겠지.

이렇게 목표를 세우고 구체적으로 시간을 미리 계획하고 실천하는 건 정말 중요해.

목표 불패 검증: 목표를 세워야 하는 이유

구분	목표가 있다	목표가 없다
실현된다	성공, 만족	벼락 성공, 자만, 오래 못 감
실현 안 된다	실패를 통해 학습, 작은 성공, 후회 없음	현 상태 유지, 후회

새해맞이 목표를 세운 사람과 그렇지 않은 사람의 성공률을 추적 조사한 결과, 새해 결심을 한 사람은 6개월 뒤의 목표 성공률이 46%에 달했지만, 목표를 세우지 않은 사람은 성공률이 4%에 불과했다.[22]

- 마이클 프리슈 외 《어떻게 인생 목표를 이룰까?》 중

독수리 학교에 간 오리

직장생활을 하면서 업무나 관계로 고민하는 후배직원들과 대화를 꽤 많이 나눴어. 입사한 지 얼마 안 된 후배와 가장 많이 나눈 대화 주제 중 하나는 경력목표에 관한 거였지. 하는 일이 자신에게 맞는지, 또 잘하고 있는지 의문을 품은 후배가 적지 않았어. 그때마다 시작일 뿐이니 일단 열심히 일하는 게 좋겠다고 타일렀지만, 개중에는 하는 일이 정말 맞지 않아 보이는 후배도 있었지. 하지만 "당장 다른 직업을 알아보는 게 좋겠어"라고 얘기하기는 조심스러웠어. 지금 같은 질문을 받는다고 해도 비슷하게 고민할 거야. 결국 스스로 결정해야 할 문제이니까. 후배와 함께 선택 가능한 여러 가지 상황을 찾아보고 스스로 선택하도록 하는 수밖에. 이른 나이에 자신의 재능을 발견하고 맞는 직업을 선택하는 건 큰 행운이야. 그런 사람은 흔치 않으니까.

독수리 학교에 입학한 오리 이야기를 들어본 적 있니? 독수리 학교 교장은 오리에게 높이 날아 사냥감을 잡아 오라고 하지. 하지만 오리는 아무리 노력해도 되지 않아. 독수리 학교 교장은 노력이 부족하기 때문이라고 꾸짖지. 오리는 밤늦게까지 연습하지만 결과는 마찬가지야. 그건 오리이기 때문이야. 거꾸로 독수리가 오리 학교에 입학했어. 오리 학교 교장은 독수리에게 긴 시간 헤엄치는 법을 가르쳐주지. 하지만 소용이 없어. 동물이 저마다 장점이 있듯 사람도 마찬가지 아닐까?

잘할 수 있는 일, 딱 내 적성이다 싶은 일을 바로 찾는 사람은 드물어. 적어도 내가 오리인지 독수리인지는 곰곰이 따져봐야 해. 잘할 수 있는 일을 해야 성장한다고 느낄 수 있고 재미가 있거든.

조급하게 생각 말고 적성에 맞는 직업을 찾으면 좋겠어. 에니어그램, 엠비티아이(MBTI), 디스크(DISC), 강점진단 등 다양한 진단 툴을 활용해 자신을 이해하는 것도 추천해. 아직 내게 맞는 일이 무엇인지 모르더라도 조바심낼 건 없어. 이제 시작이니 말이야. 100% 마음에 드는 직업을 찾으려고 애쓰지 않아도 괜찮아. 애초 그런 직업은 없으니까. 쉽게 포기하지만 않으면 돼. 일하다 보면 내 업무가 아닌데도 해야 하는 경우도 종종 생길 거야. 직장생활을 하다 보면 흔히 겪는 일이지. 어쨌든 내가 관심을 가지는 일에 집중하고 놓치지 않으면 돼.

요즘 신입사원들은 선배세대보다 훨씬 똑똑한 것 같아. 같은 세대로 태어나지 않은 게 다행이다 싶은 생각이 들 정도야. 스펙 관리는 또 얼마나 잘하는지. 그런데 요즘 신입사원이 조직 적응에 어려움을 겪는 중요한 이유 중 하나가 업무에 비해 필요 이상 똑똑해서야. 대학진학률을 보면 알 수 있지. 1980년

Happy Working

잘할 수 있는 일을 해야 성장한다고 느낄
수 있고 재미가 있거든. 조급하게 생각
말고 적성에 맞는 직업을 찾으면 좋겠어.

까지만 해도 대학진학률은 30%가 채 안 됐어. 1993년까지도 40%를 넘지 않았거든. 그러다 대학정원은 늘어나는 데 출산율은 줄어 2000년대 들어서는 대학진학률이 70~80%까지 치솟았어. 열심히 공부했을 뿐인데 좀 억울한 마음도 들겠지.

그래도 오리 중에는 날 수 있는 청둥오리도 있듯이 자신이 가진 역량을 발견하고 최대한 발휘했으면 해. 지금 네가 있는 곳에서 꼭 필요한 사람이 되는 게 먼저야. 언제든 떠나도 아쉬울 게 없도록 능력을 키워야 해. 회사를 떠날 때 "너 같은 인재를 놓쳐서 정말 아쉬워" "네가 떠나면 우린 어떡하지?"라는 얘기를 듣는 즐거운 상상을 하면서 말이야. 어디서든 최선을 다하면서 칭찬을 듣는 사람이 되는 거야. 그럼 더 좋은 기회가 널 기다릴 거야.

내게 맞는 일을 찾기 위해 실천할 것

- 우선 지금 하는 일에 최선을 다한다.
  뭐든 해보면 내게 맞는지 여부를 알 수 있다.
- 나의 강점과 적성에 집중한다.
  내가 잘하고 못 하는 일을 아는 것도 중요하다.
  이왕이면 강점으로 승부한다.
- 내 관심사에 집중한다.
  내가 흥미를 갖는 것이 무엇인지 늘 안테나를 세우고 있어야 한다.
  좋아하는 관심사라는 증거는 조금 고생이 되더라도 하면 즐거운 일이다.

- 다른 부서 일도 관심을 가진다.

  사내에 다른 직무에 기웃거리며 혹시 내게 맞는 일은 없는지 살핀다. 다른 직무를 이해하면 적어도 손해 볼 건 없다. 직급이 높아질수록 도움이 된다.

한 치수 큰 모자 쓰기

그동안 직장생활을 하면서 만난 후배 중 손에 꼽을 정도로 뛰어난 부하직원 한 명이 있어. 그는 주니어 때부터 논리적 사고와 문서작업능력에서 빼어났는데 사실 그의 진짜 능력은 따로 있었어. 같은 팀에서 일할 때였지. 몇 개의 프로젝트를 동시에 하면서 대형 제안서를 써야 하는 상황이었어. 그는 자료 분석 업무를 대신 해주겠다며 일을 덜어줬어. 제 업무도 바쁜데 말이야. 매사에 그렇게 선배직원의 업무를 자원해서 도와주니 고마울 수밖에. 그는 사원일 때 이미 대리나 과장의 업무를 챙기면서 다른 동료와 달리 빠르게 성장했어. 대리나 과장의 업무 공백이 생길 때면 종종 그가 나서서 해결할 정도였지.

1961년 러시아 출신 유리 가가린은 보스토르 1호 우주선을 타고 우주 비행을 했어. 이후 2011년까지 38개국 524명이 우주로 나가서 지구를 봤대. 근데 우주인 중 상당수가 인생관이 바뀌었다는 거야. 우주에서 지구를 바라보는 큰 시야를 경험하면 세상을 보는 관점이 바뀌는데, 이를 조망 효과(The Overview Effect)라고 해. 회사에서도 한두 직급 높은 시야를 가졌으면 해. 사원으로 입사했으면 적어도 주임이나 대리의 시야를 가지는 거야. 높을수록 좋아. 직급이 오를수록 큰 지도, 큰 그림에서 현재 내 위치를 확인할 수 있고 내가 못 보는 것도 볼 수 있으니까.

동양인 최초로 미국항공우주국(NASA)의 차관급 고위직(국장보)이 된 신재원 박사라고 있어. 그에게 성공비결을 물었을 때 그는 이런 얘기를 했대.

> 주변 동료들이 출세의 이유가 뭐냐고 물으면 나는 '한 치수 큰 모자(One Size Bigger Hat)'를 쓰라고 해요. 자기 일 또는 자기가 속한 작은 부서의 업무만 보지 말고, 좀 더 큰 조직, 나아가 NASA의 시각에서 문제를 바라보는 습관을 지니라는 뜻에서 그런 말을 해요. 그러면 다른 좋은 생각이 떠오르고 편협해지지 않아요.[23]

일할 때 한 치수 큰 모자를 써야 해. 업무를 지시한 선배직원이 어떤 맥락에서 무슨 의도를 가지고 시켰는지 파악하려고 노력하면 좋겠어.

성공은 엘리베이터 타기가 아닌 계단 오르기

아빠가 다니던 회사에 능력과 스펙이 비슷한 두 명의 신입사원을 채용한 적이 있어. 신입사원 A는 교육 기획 부서로 발령이 났고, 신입사원 B는 단순한 교육 운영 업무를 하는 팀에서 일하게 됐지. 신입사원 A는 기획업무의 특성상 야근이 잦았고, 격무에 시달리다 얼마 안 돼 직무를 바꿔 다른 회사로 이직했어. 신입사원 B는 1년 넘게 전국 방방곡곡 연수원을 돌아다니며 운영에 잔뼈가 생겼어. 좋은 교육프로그램을 참관하면서 학습도 많이 하게 되었지. 평소 열심히 일하는 그 신입사원을 눈여겨보았던 팀장 C의 추천으로 결원이 생긴 기획부서로 가게 됐어. 교육현장에서 겪은 다양한 경험은 교육프로그램을 기획할 때 현실적인 아이디어를 내는 데 도움이 되었고 그 덕분에 금방 업무에 적응했어. 일하다가 스트레스를 받으면 주말에 새벽부터 일어나 교육장에서 교보재와 물품을 준비하던 때를 떠올리면서 다시 힘을 내기도 했지.

사람들은 성공한 사람을 볼 때, 마치 호수 위에 떠 있는 백

젊을 때는 도전하고 시험하는 시간이지
않을까? 성공은 마치 계단을 오르는 것
같아서 다리에 알도 박히고 땀도 나지만,
근육이 붙으면 호흡도 여유가 생기고
그만큼 성취감도 크니까.

조의 모습만 보기 쉬워. 우아하게 보이는 건 치열한 발길질 때문인데 말이야. 성공은 백조의 발길질 같은 과정을 감내한 사람에게 맺는 과실이야. 성공의 본질은 고통이고 인내가 아닐까? 세상에 가치 있는 일은 그냥 얻을 수 있는 게 없어. 적어도 수년 내지는 십수 년은 걸리니까. 만약 좋아하고 가치 있는 일을 시작했다면 뒤돌아보지 말고 달려. 남과 경쟁하지 말고 어제의 나와 경쟁하면서 말이야. 이미 네겐 잘 해낼 충분한 능력이 있어. 시간은 네 편이 되어줄 거야.

젊을 때는 도전하고 시험하는 시간이지 않을까? 원석 안에 숨은 진짜 나를 찾기 위해서는 끌과 정으로 꾸준히 다듬어가길 바라. 실수하고 시간이 더디더라도 조바심낼 건 없어. 멈춰 서지만 않으면 돼. 엘리베이터를 타고 올라가는 사람을 부러워하지 마. 올라간 속도만큼 빨리 내려오더구나. 성공은 마치 계단을 오르는 것 같아서 다리에 알도 박히고 땀도 나지만, 근육이 붙으면 호흡도 여유가 생기고 그만큼 성취감도 크니까.

이슬 꽃

아빠

밤새
어두움 참으며
슬픔 머금은 꽃이여

새벽
쇳바람에
이른 눈물 떨구지 마라

조금 지나면
네 눈물 닦아줄
따스한 해가 솟으리라

5년, 10년, 30년을 생각하는 나무 심기

프로젝트를 하면서 다양한 기업에서 근무하는 임직원들을 인터뷰하다 보면 느끼는 게 있어. 많은 선배가 겉보기에는 안정적으로 직장생활을 하는 듯 보이지만, 당장 회사를 그만두면 뭘 해야 할지 고민인 선배도 적지 않다는 거야. 당장 직장에 적응하기도 힘들어서 먼 얘기처럼 들릴지 모르지만, 조금 더 길게 직장생활의 미래를 준비해야 해. 지금 성장하는 사업도 5년이나 10년 후에도 계속 성장할 거라고 누구도 낙관할 수 없는 시대잖아? 여유를 가지고 미래의 나를 위해 지금 씨앗을 뿌려야 해. 유대인의 경전인 《탈무드》에 '나무를 심은 노인'이라는 제목의 이야기가 있어. 직장생활을 시작하는 네게 들려주고 싶어.

어느 노인이 마당에 과일나무를 심고 있었다. 지나가던 사람이 그 모습을 보고 노인에게 말을 걸었다.
"영감님, 그 나무는 언제 열매를 맺을까요?"
"나무가 다 자라고 열매를 맺으려면 아마 30년은 걸리겠지요."

노인의 말에 나그네는 이상해서 물었다.

"영감님께서 그때까지 살아계실 수 있습니까?"

노인은 대답했다.

"아무리 오래 산다고 하더라도 그렇게는 힘들겠지요."

나그네는 이해할 수 없어서 노인에게 다시 물었다.

"그러면 왜 먹지도 못할 과일나무를 심고 계십니까?"

노인은 나그네의 말에 이렇게 답했다.

"내가 어렸을 때 우리 집 마당의 나무들에는 과일이 많이 열렸습니다. 내가 태어나기 훨씬 전에 할아버지와 아버지께서 나무를 심으셨기 때문이지요. 지금 나는 그분들이 했던 일을 따르는 것뿐입니다."

사랑하는 딸아, 바쁘게 경쟁하며 살더라도 이야기 속 노인처럼 신념과 인내로 미래를 위해 지금 나무를 한 그루씩 심었으면 해. 직장생활에 적응하느라 정신이 없을수록 자신에게 이런 질문을 하길 바란다. "미래의 나를 위해 지금 무엇을 해야 할까?"라고 말이야.

나무를 심는 사람에게 배울 점

- 나만의 텃밭을 일군다.
- 미래를 위해 나무를 심는다(씨앗을 뿌린다).
- 결실을 조급해하지 않는다.
- 타인의 시선을 의식하지 않는다.

당장 직장에 적응하기도 힘들어서
먼 얘기로 들리겠지만, 조금 더 길게
직장생활의 미래를 준비해야 해. 여유를
가지고 미래의 나를 위해 지금 씨앗을
뿌려야 해.

그때가 아니면 할 수 없는 것

멋진 출발이 아니어도 괜찮아. 업무가 생각했던 것과 많이 다르거나, 직원과 사이가 좋지 않거나, 회사의 장래성이 없어서 등 여러 이유로 그만두고 싶은 생각이 들 수도 있으니까. 신입사원들이 회사를 빨리 그만두는 이유는 업무 때문인 경우가 많아. 하지만 이건 기억해둬. 직장보다는 직업에 대해 더 많이 고민해야 해. 갈수록 직무환경이 급변해서 평생직장의 개념도 약해지고 평생 몇 개의 직업을 가져야 할지도 모르니까. 신입사원 때는 평생 하고 싶은 직업을 고민하면서 직장생활을 천천히 계획하길 바라. 후회가 덜한 직장생활을 위해서 말이야.

〈조기 퇴사의 원인〉

적성에 맞지 않는 직무(42.1%), 업무 불만족(19.9%), 근무시간, 근무지 불만족(19.9%), 조직 부적응(19.3%), 낮은 연봉(18.7%), 이직(17%), 열악한 근무환경(12.3%), 질병 등 개인 사유(9.9%)

아빠에겐 잊을 만하면 문득 생각나고 후회되는 일이 몇 가지 있어. 사랑하는 둘째 딸 돌잔치를 하지 않은 것과 재롱잔치에 참석하지 않은 거야. 직장 일이 바빠도 꼭 챙겼어야 했는데 말이야. 그 시절로 되돌아간다면 만사 제쳐놓고 챙길 텐데. 또 외할머니께 용돈을 드리지 못한 거야. 고향에 가면 종종 외할머니댁에 들렀는데 그때마다 외할머니는 허리춤에서 쌈짓돈을 꺼내 용돈을 주셨어. 언젠가부터 돈을 벌면 외할머니께 용돈을 드려야겠다고 생각했지. 그런데 외할머니가 치매에 걸리신 거야. 너무 늦어버렸어.

사랑하는 딸아, 그때가 아니면 할 수 없는 걸 했으면 해.

현명한 사람은 죽을 때 후회 없는 삶을 살기 위해 현재에 최선을 다하며 살아가. "죽음을 기억하라"는 의미의 라틴어 메멘토 모리(Memento mori)를 생각하면 좋겠어. 사람은 사형집행일만 정해지지 않았을 뿐, 누구나 사형수처럼 시한부 인생을 사는 거니까.

시간은 마치 강물처럼 똑같이 흐르는 법이 없고. 똑같아 보이는 물이 어제와 같은 물이 아니듯이 같은 시간은 하나도 없어. 시간은 결코 우리를 기다려 주지 않아. 지금 아니면 할 수 없는 일은 망설이지 않고 했으면 해. 가족의 생일, 기념일, 지인의 애경사는 꼭 챙기고. 나이가 들수록 한 일보다 하지 않은 일을 후회하게 되더라. 직장 일에 매여 삶을 놓치며 살지 않았으면 해.

신입사원 시절을 후회 없이 보내려면

- 인생계획(독서, 건강, 재정 등)을 세운다.
- 5~10년 장기간 투자해야 이룰 수 있는 일을 시작한다.
- 스라밸(Study & Life Balance) 한다.
- 서둘러 퇴사하지 않는다.
- 쉽게 포기하지 않는다.
- 대충 하지 않는다.

출근 첫 주에 챙기면 좋을 10가지

출근 첫 주는 어리바리 의미 없이 흘려보내기 쉬워. 다음 몇 가지만 놓치지 않으면 적어도 중간은 하지 않을까.

1. 직장생활 목표 및 계획을 세운다.
2. SNS에 남긴 욕설, 불만 등 부정적 메시지를 지우고 새로 정리한다.
3. 입사를 응원해준 주변사람들에게 감사 표현을 한다.
4. 아슬아슬 출근 시간을 맞추기보다 조금 일찍 서두른다.
5. 명함첩 준비하고, 명함 앱을 깔아 같이 일할 직원들의 신상정보를 저장한다.
6. 자기소개 인사말을 준비한다.
7. 밝은 표정으로 먼저 공손하게 인사한다.
8. 온라인 소통 시 부정적인 인상을 심어줄 만한 것은 자제한다.
9. 궁금하고 중요한 정보는 다이어리에 메모한다.
10. 소속 부서의 업무, 내가 할 일을 파악한다.

5 인성 Personality

직장생활은 태도가 9할

모든 사람에게 예의 바르고, 많은 사람에게 붙임성 있고, 몇 사람에게 친밀하고, 한 사람에게 벗이 되고, 누구에게나 적이 되지 말라.

- 벤저민 프랭클린

적당한 쫀티는 예의만큼 효과 있다

같이 일할 이들은 어떤 사람일까? 어떤 업무를 맡게 될까? 그 업무를 잘 해낼 수 있을까? 출근 전에는 기대와 걱정이 공존하지만, 며칠 지내보면 어느덧 적응될 거야. 그럼 어렵고 긴장한 것처럼 보이는 '쫀티' 연기도 제법 자연스러워질 거고. '쫀티'는 과하면 어색해. 너무 없어도 애어른 같고. 쫀티를 내는 건 예의를 갖추려는 노력이야. 적당하면 손해 볼 건 없어.

지금도 대부분 조직에서는 유교 문화의 영향이 커서 도덕이나 예(禮)를 중시하는 문화가 여전해. 그래서 자유로운 생활에 익숙해 있다가 새로 직장에 적응하려면 답답하고 옥죄는 느낌이 들 수 있겠지. 하지만 곧 적응될 거야. 누구나 다 그랬으니까. 한 가지 염두에 두면 좋을 게 있어. 한국 사람에게 기대가치는 '똑똑함'보다는 '겸손'이라는 점이야.[24] 예컨대 선거 때를 찬찬히 살펴보면 서양 사람과 다르게 한국 사람은 겸손한 후보자에게 투표하는 경향이 강해.

내 의견을 주장할 때 이왕이면 겸손하고 예의 있게 표현하는 법을 익혀두는 게 꽤 유익하단다. 예컨대 선배직원이 이해 안 되는 부정적인 피드백을 했어. 그땐 화가 좀 누그러지기를

한국 사람에게 기대가치는
'똑똑함'보다는 '겸손'이야. 내 의견을
주장할 때 이왕이면 겸손하고 예의
있게 표현하는 법을 익혀두는 게 꽤
유익하단다.

기다려. 그리고 조용히 찾아가 예의를 갖춰 정중하게 얘기하면 좋아. 비방, 욕설, 성희롱, 불법행위를 보고 참으라는 얘기는 아니야. 그럴 땐 단호하게 표현해야겠지.

세대가 젊어질수록 평등을 중요시하는 수평적인 문화에 익숙하고, 나이가 많은 선배세대일수록 위계를 따지는 수직적인 문화를 더 편하게 느껴. 그래서 보이지 않게 오해와 갈등이 생기지. 하지만 찬찬히 생각해보면 조직이 수평적이든 수직적이든 예의는 중요해. 직장예절은 회사원이라면 상대방에게 기본으로 지켜야 할 존중의 표현이야. 직장생활이 익숙해지다 보면 기본예절은 자연스레 적용될 거야. 굳이 안 지켜도 문제 될 건 없지만, 지키면 티가 나는 소소한 비즈니스 매너 몇 가지를 소개해 볼게.

지키면 좋은 비즈니스 매너 5가지

- 부재 시에는 주위 직원에게 이유를 명확하게 알려주기
- 먼저 반갑게 인사하기
- 직원과 식사 속도 맞추기
- 명함을 교환할 때는 상대방이 읽기 편한 방향으로 건네기
- 상대방이 전화를 끊은 후에 수화기 소리 나지 않게 내리기

지각으로 잃는 건 생각보다 많다

직장인에게는 근무태도가 중요해. 흔히 '근태'라고 하지. 지식(Knowledge)과 기술(Skill)은 시간을 투자하면 웬만큼 만회할 수 있어. 반면 태도(Attitude)는 바꾸기 쉽지 않아. 그도 그럴 게 태도는 우리가 보낸 시간 동안 만들어지는 거니까. 나이든 선배 직원일수록 난감해하는 것 중 하나가 바로 '지각'이야. 의외라고 느낄지도 모르겠다. 그런데 지각을 대수롭지 않게 여길 수 있지만, 태도를 보는 척도(Barometer)라는 걸 명심해야 해.

법인영업을 하는 B 사에서 영업력을 강화하기 위해 신입사원 5명을 채용했어. 그들의 역할은 선배의 부사수로서 신규고객 발굴, 텔레마케팅, DM(Direct Mail) 발송, 우수고객 관리 등 영업활동을 지원하는 거였어. 부가적인 업무를 줄여 사수가 고객과 직접 만나는 시간을 더 늘리자는 취지였지. 신입사원들은 같은 사무실에서 일하다 보니 비교될 수밖에 없었어. 시간이 지날수록 평가가 엇갈렸는데, 재미있는 건 업무능력이나 실적보다는 대부분 태도에 관한 거였지. 박 사원은 선배들에게 공통으로 가장 긍정적인 평가를 받았어. 그가 동기들과 다른 게 두 가지 있었는데, 하나는 시키는 일만 하기보다는 먼저 고민해서 선배에게 의견을 물은 거고 다른 하나는 몇 분 여유 있게 출근해서 차 한잔하면서 업무를 준비한 거야. 종종 지각하는 동기와 비교될 수밖에 없었지.

"9시 1분은 9시가 아니다." 우아한 형제들이라는 회사에서 만든 '송파구에서 일 잘하는 방법 11가지' 중 하나야. 다른 방법도 참고할 만해. 이왕이면 시간 맞춰 출근하기보다는 조금만 일찍 출근해 여유 있게 일과를 준비했으면 해. 운동선수가 몸을 풀고 경기에 임하듯 업무에도 최소한의 워밍업(준비운동)이 필요해. "나는 늘 연습하니까, 워밍업 따윈 필요 없어"라고 말하는 운동선수가 없듯이. 맘먹고 입사 초기엔 목표를 정하고 몇 분 일찍 출근하는 것도 좋아. 업무 파악도 빨라질 수 있고 급한 마음이 좀 덜할 거야. 신입사원 시절엔 '열정'만큼 어필하기 좋은 게 없어. 처음으로 직장생활을 하다 보면 아직 적응이 안 돼서 늦게 출근하는 날도 있을 거야. 그땐 미리 매너 있게 선배 직원에게 전화 한 통화 해주면 좋아. 선배는 이해하거든. 어설프게 핑계를 대기보다는 솔직하게 얘기하는 편이 나아.

송파구에서 일 잘하는 방법 11가지

- 9시 1분은 9시가 아니다.
- 업무는 수직적, 인간적인 관계는 수평적.
- 간단한 보고는 상급자가 하급자 자리로 가서 이야기 나눈다.
- 잡담을 많이 나누는 것이 경쟁력이다.

- 개발자가 개발만 잘하고, 디자이너가 디자인만 잘하면 회사는 망한다.
- 휴가 가거나 퇴근 시 눈치 주는 농담을 하지 않는다.
- 팩트에 기반한 보고만 한다.
- 일을 시작할 때는 목적, 기간, 예상산출물, 예상결과, 공유대상자를 생각한다.
- 나는 일의 마지막이 아닌 중간에 있다.
- 책임은 실행한 사람이 아닌 결정한 사람이 진다.
- 솔루션 없는 불만만 갖게 되는 때가 회사를 떠날 때다.

회의, 조회, 워크숍 등 다른 부서 직원과 함께 하는 자리에서는 행동에 더 신경 써야 해. 공개적으로 신입사원의 태도를 확인하는 자리거든. 이젠 똑똑한 사람보다 태도가 좋은 사람이 더 주목받는 시대이지. 똑똑한 사람은 넘쳐나지만, 태도가 좋은 사람은 귀하니까. 태도가 좋은 사람은 희소해서 어딜 가든 눈에 잘 띌 거야. 입사한 지 2개월 된 김 사원이라고 있었어. 차분하고 서글서글한 성격이라서 선배직원들과 곧잘 어울렸지. 분기마다 모든 임직원이 모이는 전체 조회가 있는 날이었어. 하필 김 사원이 15분 정도 지각을 한 거야. 김 사원은 아차 싶었어. 그가 모시는 박 지점장이 근태를 늘 강조해왔거든. 걱정과 다르게 아무렇지 않게 넘어갔어. 박 지점장은 "무슨 일 있었어?"라며 지나치면서 한 번 물을 뿐이었지. 평소에 김 사원이 근태가 좋았고 겸손한 자세로 다른 팀원들 사이에 잘 녹아들었던 덕분이었어.

지각으로 잃는 건 생각보다 많아. 늦지 않기 위해 몇 분 일찍 출근하는 것도 방법이야.

직장생활의 더할 나위 없는 행복(Beatitude)을 위한 세 가지

지극한 행복(Beatitude) = 태도(Attitude) x 감사(Gratitude) x 고독(Solitude)

- 태도(Attitude): 태도가 9할이다. 예의 바르고 친절하게 행동한다.
- 감사(Gratitude): 불평하지 않는다.
- 고독(Solitude): 나만의 시간을 확보한다. 자발적으로 고독에 처한다.

끝까지 해내는 연습

한국고용정보원에서 대졸자를 대상으로 설문조사를 했어. 사회에 첫발을 내디딘 신입사원들이 직장생활을 하며 가장 어려워하는 게 무엇인지 물었는데 '업무 내용 배우기가 가장 어렵다'가 43.2%로 가장 높게 나왔대.[25] 대학에서 배운 전공지식이 실무에 도움이 될 수도 있지만, 그렇지 않은 경우도 상당하니까. 처음부터 새로 배워야 할 것투성이지. 회사 일이 만만치 않을 거야. 때론 '내가 이런 일을 어떻게 하지?'라는 생각이 들 만큼 부담되는 일을 할 수도 있어. 아빠도 처음 제안서를 썼던 때의 기억이 생생해. 학교 다닐 적 활용하던 수준의 파워포인트 활용능력으로는 어림없었지. 언젠가 그 시절에 작성한 문서를 본 적이 있는데, 낯 뜨거울 만큼 형편없더라. 아마 그 문서는 선배가 몇 번을 수정해서 고객에게 보냈을 거야. 조금씩 경험이 쌓이면서 문서작성에 요령이 생기고 차츰 적응했지.

한 번은 직장생활을 시작하는 탁 사원에게 문서작성을 지시한 적이 있어. 리더십 관련 제안서의 이론적 배경 부분을 작성하게 했지. 그 후배의 문서작성능력을 확인하기보다 일을 어떻게 해내나 보려던 거였어. 그는 같은 팀은 물론 옆 팀에까지

가서 관련 자료를 찾아내서 나름의 논리로 문서를 만들어냈어. 맡은 일을 끝까지 책임감 있게 해내는 모습이 참 보기 좋더라고. 탁 사원은 매사에 일 처리가 그랬어. 금방 업무에 적응하고 성과를 냈지. 조직개편이 있을 때마다 다른 팀에서 그를 데려가려고 해서 붙잡느라 애를 먹었어.

반면 갑작스러운 팀원 공백으로 여러 차례 인터뷰 끝에 어렵사리 채용한 이 사원이 있었어. 좋은 스펙에 사람도 좋았지. 이미 1년 남짓 직장 경험도 있었고 말이야. 처음에 업무적응을 위해서 기존 자료를 학습하고 요약하도록 지시했어. 업무로 바빠서 잊고 있다가 이 사원에게 업무의 진행 상황을 확인했는데 그때까지 끙끙대면서 생각보다 진도를 못 나가고 있더라고. 프로젝트 제안서, 보고서 등 관련 자료가 공용 폴더에 넘쳤지만, 그는 무엇부터 해야 할지 모르고 여기저기 문서만 열어보다 시간만 흘러버린 거야(사실 명확하게 업무지시를 하지 않은 선배의 책임이 적지 않지만).

탁 사원과 이 사원이 가진 역량과 스펙은 별 차이가 나지 않았어. 하지만 일을 대하는 태도는 차이가 컸어. 탁 사원은 부여받은 업무를 어떻게 해서든 주어진 시간에 끝내려고 안간힘이었지. 물론 이 사원도 시간 내에 최선을 다하긴 했지만, 임무를 완수하지는 못했어. 이 사원 입장에서는 선배직원이 좀 도와줬으면 하고 생각했을지도 몰라. 애초 일을 시킨 선배가 필요한 자료의 폴더 위치를 정확하게 일러줬으면 자료를 찾느라 시간을 낭비하지 않았을 테니 말이야.

신입사원 입장에서는 내심 선배직원이 나서서 도와줬으면 하고 바랄 수 있어. 하지만 선배직원은 대부분 신입사원이 주인의식과 책임감을 가지고 맡은 일을 스스로 알아서 완수하기를 원하지. 신입사원 시절에는 힘들겠지만 맡은 일은 끝까지 해내는 연습을 했으면 해. 그때가 바로 업무 근육이 가장 많이 느는 시기거든. 혼자 일을 끝까지 해내는 게 말처럼 쉬운 일일까? 업무 파악도 제대로 못 한 상황인데 말이야. 일을 던지듯이 맡기면 정말 난감하지. 하지만 고민한 만큼 내 것이 되는 거니 마음먹은 대로 일이 안 풀리면 주변에 도움도 구하고 긍정적으로 생각하길 바라. 누구나 다 그런 답답한 터널을 지났으니까. 완벽할 필요는 없어. 하지만 쉽게 포기하지는 마. 흔들려도 이왕 가는 길을 계속 가봐. 곧 성장한 자신의 모습에 뿌듯해하는 순간이 올 테니까.

힘든 일을 끝까지 해내는 방법: 5D

- 냉철하게 현실과 마주하기(Define) - 회피하지 않는다.
  ex) "한 번 해보지 뭐!" "누군들 처음부터 잘할 수 있나?"
- 어려움의 실체 따져보기(Difficulty) - 힘들게 하는 원인을 찾는다.
  ex) "혼자 하니까 힘든 거구나." "김 지점장께 도와달라고 해야지."
- 고민만 하지 말고 일단 해보기(Do it first) - 먼저 실행하고 답을 찾아간다.
  ex) "하다 보면 방법이 생기겠지." "뭐 그래도 할 만하네."

- 이왕 할 거면 적당히 하지 않기(Devote) - 편안함, 적당함과 타협하지 않는다.

  ex) "누구보다 날 위해 최선을 다하자." "고민한 만큼 내 것이 될 거야."

- 한 가지씩 해치우기(Done Done) - 한 가지에만 집중한다.

  ex) "그래, 욕심내지 말자." "하나씩 하다 보면 길이 보일 거야."

팀플레이는 직장인의 인격 같은 것

요즘 젊은 직원들과 일하는 선배직원이 공통으로 호소하는 어려움 중 하나가 젊은 직원들이 '자기중심적'이라는 점이야. 하지만 이건 선배들이 잘못 아는, 대표적인 오해 중 하나일 거야. 사실은 이기적인 것이 아니라 개인적일 뿐이고, 일만큼이나 삶을 중요하게 생각할 뿐인데 말이야. 실제 한 취업포털의 조사[26]를 보면 선후배 직원 간의 생각 차이를 알 수 있어. 직장 선배들이 신입사원에게 가장 불만족스러워하는 점으로 지나친 이기주의(19.7%)가 가장 많았어. 다음으로 수동적인 업무 자세(19.5%), 인내심 부족(16.0%), 소통능력 부족(12.9%), 업무 능력 부족(11.3%) 등의 순서였지. 신입사원이나 후배직원 입장에서는 억울한 점이 많을 거야. 개인으로서 존중받고 싶은데 말이지. 하지만 이기적인 모습은 없었는지 생각하면 좋겠어.

조직의 특성과 업무에 따라 좀 다르겠지만 많은 조직이 팀 단위로 일을 해. 팀이 추구하는 목표를 달성하기 위해서는 팀워크가 필수적인 요소이고 말이야. 우수한 팀원으로 구성된 팀

우수한 팀원으로 구성된 팀이더라도
좋은 팀워크가 아니면
높은 성과를 내기 힘들어.
팀원으로 해야 할 역할도 중요해.

이더라도 좋은 팀워크가 아니면 높은 성과를 내기 힘드니까. 팀원으로 해야 할 역할도 중요해. 예컨대 몇 주 전부터 계획된 워크숍이라면 참석하는 게 좋지 않을까? 갑자기 잡힌 회식까지 필수로 참석하라는 얘기는 아니야.

딸아, 개인으로서 최선을 다하되 팀플레이는 직장인의 인격 같은 것임을 기억했으면 해.

'운 없는 아이' 전략

첫 직장생활이니 누구나 업무가 서툴 수밖에 없어. 본의 아니게 실수할 수도 있지. 이름과 호칭을 잘못 부르거나(어떻게 그걸 금방 다 외워), 파일을 첨부하지 않고 메일을 보내거나(급하다 보면 그럴 수 있지), 지각하거나(걱정하느라 잠 못 들어서 그럴 수 있지), 다른 방향으로 업무를 하거나(업무 파악이 금방 되나), 뒷담화를 하다가 들키거나(왜 하필 그 순간에), 분위기 파악을 못 하거나(그렇지 않아도 이미 노력 중이지). 사실 아빠가 했던 실수들이야.

〈신입사원의 치명적인 실수 1위는?〉[27]

지시와 다른 방향으로 업무 진행 18.5%

근태, 복장 등 기본적 예의 실수 16.7%

상사 뒷담화 들키는 등 말실수 14.7%

분위기 파악 못하는 행동이나 발언 12.3%

회식 등 술자리에서의 실수 9.1%

업무 중 과도한 딴짓 5.8%

너무 주눅 들 것 없어. 누구나 처음엔 실수할 수 있으니까.

선배직원 입장에서도 얼마든지 이해해. 실제 한 취업 포털에서 조사[28] 한 바에 따르면 신입사원이 실수해도 눈감아 줄 수 있는 기간은 3개월이 43.7%로 가장 많았다고 해. 그다음으로 6개월'(27.4%), '1개월 이하'(7.6%), '12개월 이상'(6.2%), '2개월'(4.4%)의 순이었어. 실수를 두려워하지는 마.

만약 아찔한 실수로 위기를 맞거든 당황하지 말고 차분하게 이렇게 해봐. '운 없는 아이(Good Guy In Misfortune)' 전략을 사용하는 거야. 좋은 사람(Good Guy)인데 운이 없어서 실수한 거로 생각하게 하는 방법이지. 누구든 운이 없었던 적은 있으니까. 좋은 사람인데 운이 없었다고 여기면 도리어 동정하게 돼. 잘 해주고 싶고 도와주고 싶은 측은지심이 생기니까.[29]

'운 없는 아이' 전략에서는 즉시 실수를 알리는 게 중요해. "팀장님, 제가 오후 5시 제안서 제출 마감 시한을 맞추느라 급하게 보낸다는 게 최종 버전 말고 다른 걸 보냈습니다." 그리고 실수를 인정하고 용서를 구하는 거야. "제가 마지막까지 좀 더 꼼꼼하게 신경 썼어야 했는데 죄송합니다." 다음으로 재발 방지를 다짐하는 거야. "다음부터는 이런 일이 생기지 않도록 주의하겠습니다." 그리고 실수의 원인을 되짚어보며 보완하고. "일정이 촉박해서 마음이 급했던 것 같습니다. 다음부턴 미리 준비하고, 사전에 팀장님께 진행 상황을 공유 드리겠습니다."

실수에서는 꼭 교훈을 얻고, 같은 실수를 반복하지 않도록 주의해야 해. 실수도 반복되면 실력이 될 수 있으니까.

거짓의 유통기한은 짧다

한 번은 대형 프로젝트를 하는데 뒤늦게 최종산출물을 정리하는 단계에서 치명적인 통계처리 실수를 발견했어. 입사한 지 얼마 안 된 고 사원이 통계분석을 하면서 수식을 잘못 입력한 것이 화근이었어. 식은땀이 났지. 이 사실을 고객에게 얘기해야 할지 말지 고민에 빠졌어. 얘길 안 하면 티 안 나게 넘어갈 수도 있는 상황이었거든. 하지만 고객이 뒤늦게 이 사실을 알면 프로젝트 전반에 신뢰가 깨지는 건 불을 보듯 뻔한 일이었어. 이 상황에서 어떻게 하는 게 가장 현명할까?

한 번은 자주 지각하는 후배직원에게 이유를 물었더니, "요즘 뭐 하는 게 있어서요"라고 얼버무렸어. 시간이 지나 우연히 다른 후배직원을 통해 지각하는 이유를 알게 됐어. 매일 늦게까지 게임을 하느라 늦었다는 거야. 대수롭지 않은 것이지만 거짓말한 후배직원에 대해 신뢰가 떨어졌어.

한 취업포털에서 조사한 바에 따르면 신입사원의 꼴불견 행동 1위는 '업무시간 중 딴짓하기(16.1%)'였고, 다음은 '거짓말이나 꼼수 부리기(12.6%)'였어.[30] 남에게 피해를 주지 않는 선의의 거짓말이야 할 수 있지만, 그래도 정직한 게 좋아.

직장생활을 하다 보면 사실을 얘기할지 말아야 할지 갈림길에 설 때가 종종 있어. 통계분석 실수는 아빠가 실제 겪은 사례였어. 자초지종을 설명하고 정중하게 양해를 구하는 게 낫겠다고 판단해서 사실대로 얘기했어. 고객은 의외로 대수롭지 않게 눈감아줬지. 오히려 이를 계기로 서로 더 신뢰하게 되어서 그다음에 고객은 다른 프로젝트를 수행할 기회를 주었고 난 그만큼 더 좋은 산출물로 보답하기 위해 노력했지.

어쩌다 이런 비슷한 상황을 겪을 때면 정직이 최선의 정책이라는 생각으로 솔직하게 이실직고하며 양해를 구했어. 물론 실망한 고객에게 싫은 소리를 들은 적도 있지. 하지만, 전화위복이 된 때가 더 많았고, 적어도 후회는 남지 않았어. 숨기고 꼼수를 쓰면 운이 좋아 당시 상황을 모면할 수 있을지 몰라. 하지만 거짓말은 유통기한이 짧아서 결국 진실이 밝혀지기 마련이야. 그때면 신뢰를 크게 잃을 수도 있어. 드러나지 않더라도 찜찜한 마음은 남는 법이지. 잘못한 사실을 숨기거나 핑계 대지 말고 상대에게 솔직하게 얘기하는 게 나아. 누가 뭐래도 정직이 최선이야. 당당할 수 있으니까.

엑스트라 마일, 배드 마이너스

프로젝트가 넘치는 옆 팀에서 신입사원을 채용했어. 조직적응을 위해 첫 주에는 신입사원에게 업무를 부여하지 않는 게 일반적인데 해당 팀장에게 양해를 구해 그 신입사원에게 몇 장 분량 원고의 오탈자를 봐달라고 요청했어. 얼마 후 그가 준 피드백을 보고 깜짝 놀랐지 뭐야. 오탈자는 기본이고 공감이 되는 내용에는 파란색, 이해가 안 되거나 수정했으면 하는 부분은 빨간색으로 꼼꼼하게 메모한 거야. 게다가 자신의 의견이라며 몇 가지 아이디어를 얘기해 주는데, 짧은 시간인데도 고민을 많이 했다는 생각이 들었어. 덕분에 원고의 완성도를 높일 수 있었지. 그 후로도 옆에서 그가 일하는 모습을 보니까 그는 매사에 일 처리를 그렇게 했어.

"누구든지 오 리를 가자고 하면 십 리를 동행하라"고 하듯이, 상대가 원하는 것 이상으로 도와주는 게 좋아. 엑스트라 마일(Extra Mile)을 실천하라는 얘기지. 기쁜 마음으로 친절을 베풀면 부메랑처럼 언젠가 되돌아오니까. 인간관계는 베풀고 배려하는 게 중요하다고 생각해. 일하다 보면 다들 하기 싫어하는 궂은일이 있을 거야. 먼저 나서서 해봐. 그러다 보면 숨은 기회와 행운이 나타나곤 해. 내 일처럼 일해야 한다는 말이야. 물론 쉬운 일은 아니지. 하지만 이건 성공한 사람들의 공통점이기도 해.

엑스트라 마일과 함께 실천하면 좋은 게 있어. '배드 마이너스(Bad Minus)'라는 건데. 엑스트라 마일이 더하는 거라면 배드 마이너스는 빼는 거야. 업무와 소통을 방해하는 요소를 한 가지씩 없애는 거야. 예를 들면 "아, 죽겠네" "아니, 그게 아니라"처럼 부정적인 사소한 말을 줄이고, 무심코 한숨을 쉬는 버릇을 고치고, 미팅에서 조금씩 늦는 습관을 줄이는 것 등이야. 직장생활에서 작고 사소한 변화가 좋은 결과를 가져올 거야.

직장에서 할 수 있는 소소한 '엑스트라 마일'

- 엘리베이터 앞까지 고객 마중하기
- 선물할 때 감사 메시지도 담기
- 마감 시한보다 조금 일찍 끝내기
- 아이디어 하나 더하기
- 부재중 전화 메모 남기기

직장에서 허드렛일이란 없다

최신기술을 다루는 산업이 늘어나도 조직의 업무는 연구기획, 개발, 생산, 마케팅, 영업, 지원 등 크게 변함이 없을 거야. 모든 업무가 고학력을 요구하진 않는데 고학력, 고스펙의 신입사원들은 늘어나는 추세지. 모든 신입사원이 연구기획처럼 소위 있어 보이는 일을 할 수는 없어. "내가 이런 일 하려고 이렇게 힘들게 직장에 들어왔나?"라고 생각할 수도 있겠지. 입사하려고 투자한 시간과 노력을 생각하자니 당연히 생기는 보상심리일 거야.

그런데 너라면 신입사원이 들어왔을 때 어떤 일부터 시키겠니? 신입사원에게 시키는 일은 제한적일 수밖에 없어. 오래 보지도 않은 신입사원에게 중요한 일을 맡길 수 있을까? 대개 적당히 해낼 만한 수준의 업무를 주게 돼. 어떤 선배직원은 일부러 허드렛일을 주기도 해. 업무가 많으면 닥치는 대로 해야 할 수도 있고 말이야.

일을 시키는 선배들이 공통으로 확인하고 싶은 건 신입직원의 '일을 대하는 태도'일 거야. 열정, 긍정성, 끈기, 책임감, 의지, 약속 준수, 시간 엄수, 꼼꼼함, 배려, 수용성 같은. 작은 일 하나를 대하는 태도를 보면 많은 것을 미뤄 짐작할 수 있으니까. 신입사원 때는 작은 일이 더 중요할 수도 있어. 누구든 작은 일을 해내는 것을 보면서 점차 중요하고 큰일을 맡기는 법이니까. 선배직원이 못된 맘으로 허드렛일을 시키더라도 "일부러 나를 괴롭히려고 잡스러운 일만 시키나?"라고 생각할 것 없어. 업무의 가치는 일하는 사람이 부여하는 거니까.

> 린든 존슨 대통령이 미국 항공우주국(NASA)을 방문했을 때의 일이다. 대통령이 로비를 지나다가 지저분한 바닥을 닦고 있는 청소부를 발견했다. 청소부는 콧노래를 부르며 바닥을 닦고 있었다. 그 모습이 즐거워 보여서 대통령은 부러운 생각마저 들었다. 그는 청소부에게 다가가 물었다.
>
> "청소하는 일이 그토록 즐겁소? 비법을 듣고 싶구려."
>
> "각하, 저는 일개 청소부가 아닙니다. 인간을 달에 보내는 일을 돕고 있습니다."
>
> - 노보인 '새벽 편지 가족' 중

직장생활을 하면서도 무슨 일을 하면서 살면 좋을지 고민하는 사람들이 많아. 잘하는 일을 해야 할지, 좋아하는 일을 해야 할지, 해야 할 일을 할지. 사람마다 제각각이야. 조언하는 사람에 따라 기준도 달라서 누구 말을 따라야 할지 헷갈려. 하지만 2500년에 걸쳐 검증된 말이 있어. 공자의 《논어》 옹야편에

선배들이 공통으로 확인하고 싶은 건
신입직원의 '일을 대하는 태도'일 거야.
작은 일 하나를 대하는 태도를 보면 많은
것을 미뤄 짐작할 수 있으니까.

등장하는 말이야. "아는 이는 좋아하는 이만 못하고, 좋아하는 이는 즐기는 이만 못하다(知之者不如好之者, 好之者不如樂之者)." 누구도 일을 즐기는 자를 이겨낼 재간은 없다고 봐. 또 이 말을 일의 단계로 볼 수 있어. 단번에 즐기는 단계로 가기는 쉽지 않겠지. 처음엔 일을 잘 아는 단계부터 출발해야 할 거야. 신입사원은 일을 잘 알기 위해 배우는 시기라고 봐. 우선 내가 맡은 허드렛일처럼 보이는 일부터 최선을 다했으면 해.

주인과 노예는 한 끗 차이다

조직은 되도록 구성원에게 적은 비용을 지급하면서 더 많은 가치와 이익을 얻고 싶어 할 거야. 반대로 구성원은 적게 일하면서 더 많은 혜택을 누리고 싶어 하고 말이야. 고용을 한 사람과 고용된 사람은 이해가 늘 다를 수밖에 없어. "받는 만큼만 일한다." "최선을 다해 일한다." 둘 중 개인으로서 더 합리적인 선택은 무엇일까?

"월급만큼만 일하면 되지!" 아마 이런 생각으로 일하는 사람이 많겠지. 하지만 되도록 최선을 다해서 일하는 게 나아. 자신을 위해서 말이야. 일 잘하는 사람들은 직무 충성도(Job Loyalty)가 높아. 그들 중 조직 충성도(Organizational Loyalty)가 높은 사람도 있지만, 열심히 일하기 때문에 조직 충성도가 높아 보이기도 하거든. 조직에 몸담는 동안에는 조직의 비전과 미션을 위해 일하되, 그 전에 나의 목표와 꿈을 위해 업무에 몰입했으면 해. 그럼 좋은 평판과 대우는 덤으로 따라올 테니까.

주인과 노예는 한 끗 차이라고 생각해. 내가 하고 싶은 일을 하면 주인이고, 남이 시키는 일을 하면 노예가 아닐까? 시키는 일만 하기보다는 능동적으로 내 일을 하는 거야. 혹시 조직이 구성원을 귀하게 여기지 않고 이용하거나 착취하는 것처럼 느껴진다면 그 직장에 오래 근무하기는 어렵겠지. 만약 역량이 있고 기회가 된다면 더 나은 선택을 하는 게 나을지 몰라. 그게 아니라면 내가 하는 일에서만큼은 주인처럼 일했으면 해. 누구보다 자신을 위해서 말이야.

> 당신이 뭘 하면 좋을지 물어보세요. 제가 약속합니다. 멘토를, 후원자를, 성과를, 승진을 그리고 기회를 얻게 될 거예요. 회사에 기여하면요. 만약 그 기여가 당신 자신을 위한 거라면 얻을 수 없을 거예요.[31]
>
> – 페이스북 COO, 셰릴 샌드버그

입사 초 스마트 폰은 잠시 내려놔도 좋아

신입사원에게 스마트 폰은 잘 쓰면 직장생활에 좋은 도구가 돼. 명함, 메모, 스캐너, 식사메뉴, 학습 등을 스마트 폰 앱으로 활용하면 효과적이지. 하지만 업무 중 과도하게 스마트 폰을 사용하면 업무 집중을 방해하고 빈둥거리는 것으로 괜한 오해를 받을 수도 있어. 선배직원들은 업무시간에 자기 일하느라 바빠서 무관심한 듯하지만, 신입사원의 행동 하나하나를 예의 주시하거든. 선배직원 입장에선 새 손님을 잘 뽑았는지 궁금하니까. 이제부턴 가족보다 더 오랜 시간을 함께할 사람이니 말이야.

일과 중에는 인터넷을 하거나 SNS를 하는 모습을 자주 보여서 좋을 건 없어. 회의나 교육, 워크숍 등 여러 직원이 함께하는 자리에서 필요 이상 스마트 폰을 사용하는 건 적절하지 않지. 괜스레 업무 시간에 딴짓하는 것처럼 비칠 수도 있으니 말이야. 할 일이 없다면 업무 파악에 도움이 되는 읽을거리를 본다든가 선배와 대화를 하는 게 나아. 애매한 시간을 의미 있게

업무 중 과도하게 스마트 폰을 사용하면
업무 집중을 방해하고 빈둥거리는
것으로 괜한 오해를 받을 수도 있어.
선배직원들은 신입사원의 행동
하나하나를 예의 주시하거든.

보내는 방법을 터득하면 좋아.

입사 초 업무 대기 시간을 의미 있게 보내는 방법

- 회사에 빠르게 적응하기 위해 필요한 것 찾기

  업무 대기기간이 있는 이유는 조직 분위기 파악 및 적응을 위한 것이다.

- 임직원 인적사항 파악하기

  함께 일할 선배직원들에 대한 정보를 파악한다.

- 한가한 시간 활용하기

  휴대폰을 보기보다 책이나 읽을거리를 찾아 읽는다.

- 바쁜 선배직원 도와주기

  "뭐 도와드릴 것 없을까요?"라고 물어본다.

- 청소 및 정리하기

  사무실 곳곳에 지저분한 곳을 찾아 정리한다.

- 동료와 대화하기

  입사 동기나 또래 동료와 만나서 정보를 교환한다.

속상해도 SNS에 감정적 메시지 남기지 말기

입사한 지 2개월 된 유 사원이 있었어. 업무처리 속도가 느려서 일주일에 두 번은 야근을 했지. 하루는 김 부장이 맡긴 통계분석 업무를 이틀이 지나도 못 끝내서 불려가 야단을 맞았어. 유 사원은 속상한 마음에 모바일 메신저 프로필을 "아 열 받는다~"라고 바꿔 올렸는데 이 프로필을 부서 구성원들이 알아보았고, 김 부장도 뒤늦게 알게 된 거야. 평소 그룹 메신저로 업무 관련 소통이 잦아서 김 부장에게 하는 말인 걸 어렵지 않게 짐작한 거였지.

유 사원은 3개월의 수습 기간을 못 채우고 퇴사해야 했어. 안타깝게도 업계에서 마당발로 통하는 김 부장을 통해 유 사원에 관한 좋지 않은 평판이 금방 입소문이 났지. 선배들끼리 종종 하는 얘기가 있어. 이 바닥(동종업계)은 좁아서 한두 다리(사람)만 거치면 금방 누군지 알 수 있다는 거야. 직장생활을 하다 보면 힘들고 답답한 일이 생기게 마련이지. 때론 참지 못할 만큼 화나는 일도 생길 수 있어. 그럴 때일수록 부정적인 감정표현은 조심해야 해.

SNS나 온라인에서 남기는 메시지는 흔적이 선명하게 남으니까 더 신중해야 하지. 누군가는 "많이 힘들구나"라고 공감할 수 있지만, 대개는 미성숙하다고 판단하고 말아. 구성원 개인의 삶을 방해하는 회사가 문제이듯, 회사에서 필요 이상의 위로와 따뜻함을 기대하는 것도 현명하지는 않아. 일부러 강철멘탈인 것처럼 보이라는 말은 아니야. 스트레스를 풀고 싶다면, 되도록 퇴근 후 직장 밖에서 친한 친구를 만나서 풀길 바라. 내 편에서 얘길 들어주고 안아 줄 수 있는 사람에게 말이야. 세상에서 가장 강한 사람은 자신을 통제할 수 있는 사람이야. 직장생활을 할 때는 SNS나 이메일 메시지, 말투 하나까지 프로답게 관리했으면 해.

속상해도 되도록 삼가야 할 것

- SNS를 통해 감정을 표현하는 것은 주의해야 한다. 어린 애 같기 때문이다.
- 공적인 자리에서는 되도록 눈물을 보이지 않는 게 좋다. 안아 줄 사람이 없기 때문이다.
- 몰래 복수하는 '수동적 공격성'은 삼가야 한다. 티가 나기 때문이다.

부러워하지도 자랑하지도 말 것

다른 사람이 나보다 급여가 높고, 편한 업무를 하고, 좋은 선배직원들과 일하고, 돕는 사람도 많고, 일찍 진급하고. 이런 게 부럽니? 그럴 거 없어. 급여가 높은 만큼 스트레스를 감내해야 하고, 편한 업무를 하는 만큼 자기개발의 기회가 적으며, 좋은 선배직원들과 일하면 다양한 사람을 이해할 기회가 적고, 돕는 사람이 많으면 내가 스스로 깨닫고 성찰할 기회가 적으며, 더 빨리 진급하는 만큼 빨리 퇴사해야 한다는 얘기일 수 있거든. 얻는 게 있으면 잃는 게 있어. 하버드대 교수인 맨큐도 경제학의 제1원칙을 "모든 선택에는 대가가 있다"라고 얘기해. 세상에 공짜 없다는 얘기야.

사랑하는 딸아, 이제 시작점에 섰을 뿐이야. 괜스레 비교하면서 조급해하지 마. 앞으로 수많은 선택의 기회가 올 거야. 그 순간마다 더 지혜로운 결정을 하기 위해 현재 최선을 다했으면 해. 선택의 본질은 사실 잘 포기하는 것이기도 해. 인생의 지혜는 중요한 것에 집중하기 위해 중요하지 않은 것을 포기하는 거야. 알리바바의 회장 마윈이 얘기한 연령대별 인생 조언을 참고할 만해.

아직 10대라면 열심히 공부하세요. 기업인이 되려면 경험을 배워나가고요. 아직 20대라면 누군가를 따르세요. 중소기업에서 일해보시고요. 일반적으로 대기업은 프로세스를 배우기엔 좋아요. 큰 기계의 부품의 역할을 하니까요. 하지만 중소기업에서 일하게 되면 꿈과 열정을 배우게 되죠. 동시에 여러 일을 하는 법도 배우게 되고요. 따라서 서른 전에 중요한 것은 어떤 회사에 다니는지가 아니라 어떤 선배직원을 따르느냐가 중요해요. 좋은 상사는 가르치는 것도 다르니까요. 아직 30대라면 명확하게 생각하고 자신을 위해 일해야 해요. 정말 기업가가 되고 싶다면 말이죠.
40대라면 본인이 잘하는 일에 전념해야 해요. 새로운 분야에 도전하지 마세요. 너무 늦었으니까요. 성공할 수도 있겠지만 실패 가능성이 더 높습니다. 본인이 잘하는 것에 어떻게 하면 집중할까를 고민하세요. 하지만 50대라면 젊은 사람들을 밀어주세요. 왜냐하면, 젊은 사람들의 실력이 더 좋기 때문이죠. 그들에게 의지하고 투자해서 잘 키워내세요. 60대 이상이라면 본인을 위해 시간을 투자하세요. 해변에서 일광욕을 즐기는 거죠. 기회를 찾기엔 조금 늦었으니까요. 물론 이건 젊은 사람들에게 하고 싶은 저만의 조언입니다. 25세라면 실수를 충분히 많이 하세요. 걱정하지 마세요. 넘어져도 일어나면 되니까요. 그냥 인생을 즐기면 되는 겁니다.[32]

– 알리바바 마윈 회장

Epilogue

퇴사가 때론 최고의 선택일 수 있다

일하다 힘들면 퇴사를 고민할 수도 있어. 직장생활이 그리 만만치 않으니까. 선배들도 힘든데 신입사원은 오죽하겠니? 선배들은 쌓인 근무일만큼 직장생활에 적응해 웬만큼은 할 만하다지만, 신입사원들은 그렇지 않으니 말이야. 배우고 적응하느라 답답하고 불안할 수밖에 없지. 그래서 직장에서 퇴사율이 가장 높은 연차는 1년 미만의 신입사원이라고 해. 업무 불만, 연봉 불만, 이직 등 다양한 이유로 퇴직하지. 하지만 퇴직은 신중에 신중을 기해 결정하길 바라.

'현대 경영학의 아버지'라고 불리는 피터 드러커는 회사를 퇴사해야 하는 경우를 이렇게 말했어. 첫째, 조직이 부패해서 부정을 허용하는 풍토가 만연해 있을 때. 둘째, 자기의 강점을 살릴 수 있는 적절한 업무나 부서에 배치되지 않았을 때. 셋째, 성과를 인정받지 못하고 아무런 평가를 받지 못할 때. 넷째, 회사의 가치관과 자신의 가치관이 양립할 수 없을 때. 이상 4가지야.

퇴사를 두려워하지는 마. 때론 더 좋은 직장을 찾기 위해 당장 사표를 던지는 것도 최고의 선택일 수 있으니까. 한 번 놓쳐버린 시간은 억만금을 주고도 살 수 없을 뿐 아니라 되돌릴 수도 없으니까 말이야.

딸아, 하나뿐인 인생을 너만의 멋진 이야기로 의미 있게 채워갔으면 해. 모든 순간 널 응원할게. 사랑한다!

언제 어디서나 네 마음 곁에 있을 사랑하는 아빠가

2019년 어느 날

주석

1 매일경제, "한쪽은 취업난 반대쪽은 신입사원 퇴사 러시… '입퇴양난' 시대", 2018. 4. 27.

2 피터 드러커, 《프로페셔널의 조건》(청림출판, 2013), p159

3 메이슨 커리, 《리추얼》(책읽는수요일, 2014), p37

4 동영상 '행복에 관하여', https://www.youtube.com/watch?v=8T5JHwYqMWU 참고

5 〈하버드 비즈니스 리뷰〉, 2017년 11~12월호 한국판 "고객에게 더 비싼 가격을 청구해야 하는 이유" 참고

6 여훈, 《인생을 여행할 때 챙겨야 할 것들》(살림, 2006), p102

7 세계일보, "책 많이 읽을수록 부자?…빅데이터 분석 보니", 2018. 9 15.

8 데이미언 톰슨, 《책과 집》(오브제, 2011), p91

9 벤저민 하디, 《최고의 변화는 어디서 시작되는가》(비즈니스북스, 2018), p112

10 댄 자드라, 《파이브》(앵글북스, 2015), p61

11 이데이리, "인수인계도 안 하고... 최악의 이직 비매너는?" 2018. 5. 9.

12 피터 드러커, 《자기경영노트》(한국경제신문, 2003), p68~69

13 송호근, 《그들은 소리내 울지 않는다》(이와우, 2013), p7

14 투데이신문, "한국, 2017년 연간 근로시간 2024시간…OECD 국가 중 3위", 2018. 7. 15.

15 한국경제, "한국 노동생산성 OECD '꼴찌권'…미국·노르웨이의 절반",

2017. 10. 12.
16 최인철, 《굿 라이프》(21세기북스, 2018), p104~107
17 피터 드러커, 《프로페셔널의 조건》(청림출판, 2013), p193
18 팀 페리스, 《타이탄의 도구들》(토네이도, 2017), p47
19 최재천 외, 《창의융합 콘서트》(엘도라도, 2017), p31~32
20 제임스 M. 쿠제스, 베리 Z. 포스너, 《리더》(크레듀, 2008), p82~85
21 연합뉴스, "시속 17km 광속구, WS 우승 3번... '오타니 계획표' MLB 화제", 2017. 12. 11.
22 마이클 프리치, 캐롤라인 아담스 밀러, 《어떻게 인생목표를 이룰까》(물푸레, 2012), p93~94
23 중앙일보, "[월요인터뷰] 성공비결? '한 사이즈 큰 모자'를 쓰세요", 2008. 1. 28.
24 동영상 'EBS 다큐프라임 동과 서 2부' https://www.youtube.com/watch?v=kfVn5X6gi9s 참고
25 중앙일보, "사회새내기 직장 적응 어려움, '업무>상사>기대괴리' 順", 2018. 4. 23.
26 이투데이, "직장 선배가 평가한 신입사원 점수는? … 개인주의 · 수동적 업무 자세 불만족", 2016. 1. 12
27 동아닷컴, "신입사원 치명적인 실수 3위 상사 뒷담화, 2위 근태, 복장, 1위는?", 2017. 10. 24.
28 이데일리, "'실수연발' 신입사원, 가장 많이 하는 실수는?", 2017. 10. 24.
29 전성철 외, 《위기관리 10계명》(웅진윙스, 2011), p32
30 파이낸셜뉴스, "인사담당자 92% "꼴불견 신입사원 겪었다" 1위는 '업무 중 딴짓'", 2018. 3. 14.
31 동영상 '일반인이라면 상상도 못할 셰릴 샌드버그의 성공비결(스탠포드 MBA 강연 영상, 2017. 5.25)' https://www.youtube.com/watch?v=xED6xS3CnLA 참고
32 동영상 'KBS1 글로벌 경제, 아시아 시대를 열다' 마윈 연령대별 조언 https://www.youtube.com/watch?v=3-rPUwnBepQ 참고

셀프헬프 self·help 시리즈

"나다움을 찾아가는 힘"

사람들은 흔히, 지금의 내가 어제의 나와 같은 사람이라고 생각한다. 이것만큼 큰 착각이 또 있을까? 사람은 매 순간 달라진다. 1분이 지나면 1분의 변화가, 1시간이 지나면 1시간의 변화가 쌓이는 게 사람이다. 보고 듣고 냄새 맡고 말하고 만지고 느끼면서 사람의 몸과 마음은 수시로 변한다. 그러니까 오늘의 나는 어제의 나와는 전혀 다른 사람이다. 셀프헬프self·help 시리즈를 통해 매 순간 새로워지는 나 자신을 발견하길 바란다.

셀프헬프 self·help 시리즈 ❶

꿈드림

당신이 성공할 수밖에 없는 22가지 이야기 유형근 지음

이정표 없는 낯선 인생의 첫 번째 성공 과제, 드림 레시피! 성공의 비밀을 3Look 단계로 설명한다. 지친 중년과 취업시장에서 분투하는 젊은이에게 저자가 경험으로 얻은 비전을 제시한다.

셀프헬프 self·help 시리즈 ❷

두 번째 인생

인생 2막을 준비하는 한국형 하프타임 실천전략 손병기 지음

하프타임을 통해 나의 진짜 미래를 만나라! 한국 실정에 맞는 하프타임 실천전략. 인생 리모델링(인생 2막)을 위한 하프타임의 개념과 원리를 알려주고, 하프타임 실행 방법과 순서를 제시한다.

셀프헬프 self·help 시리즈 ❸

일상에서 발견하는 소소한 심리 이야기

나다움을 찾아가는 80가지 지혜 송관 지음

반드시 한 가지는 고친다. 심리학 실험 이야기와 훈련방법 등 변화와 궁극적 행복에 이를 수 있는 구체적인 방법을 소개한다.

셀프헬프 self·help 시리즈 ❹

협상의 한 수

일상에서 발견하는 승부의 비밀 오명호 지음

다른 대안 있습니까? 설득할 때, 흥정할 때, 컴플레인할 때! 'no'를 'yes'로 바꾸는 방법, 살면서 부닥치는 다양한 거절을 기회로 만드는 협상 이야기. 경험담, 주변 일화, 영화와 드라마의 현실적 사례로 흥미를 더한다.

셀프헬프 self·help 시리즈 ❺

굿잡

직장인 성장공식 일×관계+변화÷휴식 이관노 지음

직장고수가 건네는 따뜻하고 따끔한 조언. 30년 이상 영업, 마케팅, 전략, 인사, 교육 CS 등 거의 모든 보직을 거친 멀티플레이어 직장 선배가 경험에서 얻은 깨달음, 변화의 시대를 관통하는 힘을 키운 다양한 지적 활동을 갈무리했다.

셀프헬프 self·help 시리즈 ❻

누가 저 대신 프레젠테이션 좀 해주세요

경쟁, 입찰, 수주, 제안 프레젠테이션 현장 실사례 박서윤, 최홍석 지음

이기는 프레젠테이션. 10년 이상 입찰(수주, 제안, 경쟁) 프레젠테이션을 해온 전문 프레젠터와 대기업에서 해마다 100여 건의 입찰 프레젠테이션을 진행한 전문 프레젠터 두 사람이 효율적인 발표 준비와 실전 노하우를 전한다.

셀프헬프 self·help 시리즈 ❼

요즘 것들

4차 산업혁명을 이끌 위대한 별종과 공존하는 기술 허두영 지음

트렌드를 주도하는 우리나라 밀레니얼세대를 최초로 분석한 책이다. 요즘 것들과 함께 일하고 소통하는 조직의 CEO, 관리자, 구성원들에게 즉시 활용할 솔루션을 제공한다.

셀프헬프 self·help 시리즈 ❽

바른 성품

회사에서 원하는 인재를 어떻게 찾을 것인가 이성조 지음

성품의 성숙이 일의 성공을 부른다. 국내 최초 인성평가 탐구보고서. 역량중심 면접활용 16가지, 바른성품 자가진단 160문항을 수록한 인사담당자 필독서. 직장인에게 중요한 성품을 소개하고, 그것을 육성할 방법을 담았다.

셀프헬프 self·help 시리즈 ❾

변화의 실행력

4차 산업혁명을 나에게 가져오는 퍼실리테이턴트십 서명호 지음

세상을 뒤집는 유연한 간섭! 변화의 시대에 필요한 사람으로 퍼실리테이턴트(Facilitatant)라는 새로운 개념을 제시한다. 지금은 누군가 대신해 주는 게 아니라 직접 생각하고, 실행하는 퍼실리테이턴트가 필요한 때다.

요즘 것들의 7가지 특징

1. 질문자-말을 자르는 순간 마음을 닫는다
2. 조급증 어른이-10분 이상 답을 기다리지 못한다
3. 학습자-배울 게 없으면 쌩깐다
4. 최신 기술 숙련자-혼자가 편한 온라인 소통의 전문가
5. 의미 추구자-명확한 설득 논리를 원한다
6. 현실주의자-멘토가 아니라 진솔한 소통의 파트너를 원한다
7. 성취주의자-연줄 따윈 관심 없고 공정한 평가와 대우를 원한다

대한민국 트렌드를 주도하는
밀레니얼세대의 DNA를 분석한
최초의 책 〈요즘 것들〉

요즘 것들과 소통하는 방법

1. 그들의 언어와 소통 방식을 분석하라
2. 빠르게 피드백하고 내외부의 연결을 도와라
3. 평가나 질책보다 코칭하고 대화하라
4. 자유로운 소통을 위해 동등하게 대우하라
5. 명분과 함께 구체적으로 설득하고 칭찬하라
6. 수시로 대화하며 삶을 경청하라

요즘 것들과 일하는 방법

1. 시시콜콜 간섭하지 마라
2. 빠르게 돕고 협업하라
3. 재미있게 일하며 배우게 하라
4. 베짱이를 격려하라
5. 일의 의미를 깨닫게 하라
6. 일로 혹사시키지 마라
7. 성공하는 프로페셔널로 키워라